应用型人才导向下
大学英语教学研究与实践

王改莉　姜秋实　王富春 ◎ 著

吉林出版集团股份有限公司
全国百佳图书出版单位

图书在版编目（CIP）数据

应用型人才导向下大学英语教学研究与实践 / 王改莉，姜秋实，王富春著. -- 长春：吉林出版集团股份有限公司，2022.7

ISBN 978-7-5731-1577-5

Ⅰ．①应… Ⅱ．①王… ②姜… ③王… Ⅲ．①英语－教学研究－高等学校 Ⅳ．①H319.3

中国版本图书馆CIP数据核字(2022)第096179号

YINGYONGXING RENCAI DAOXIANG XIA DAXUE YINGYU JIAOXUE YANJIU YU SHIJIAN

应用型人才导向下大学英语教学研究与实践

著　　者	王改莉　姜秋实　王富春
责任编辑	张婷婷
装帧设计	朱秋丽
出　　版	吉林出版集团股份有限公司
发　　行	吉林出版集团青少年书刊发行有限公司
地　　址	吉林省长春市福祉大路5788号（130118）
电　　话	0431-81629808
印　　刷	北京昌联印刷有限公司
版　　次	2022年7月第1版
印　　次	2022年7月第1次印刷
开　　本	787 mm×1092 mm　1/16
印　　张	11
字　　数	230千字
书　　号	ISBN 978-7-5731-1577-5
定　　价	58.00元

版权所有·翻印必究

前　言

近些年，我国教育事业发展迅速，社会各领域对于应用型人才提出了迫切需求，特别是在经济一体化的背景下，各国之间的交流越发密切，英语应用型人才的短缺使得大学英语课程教学面临全新的挑战和机遇。基于此，本书从大学英语教学应用型人才培养的意义入手，深入分析大学英语教学应用型人才培养面临的困境，并以突破应用型人才培养困境为目的，提出了三点大学英语教学应用型人才的培养策略，以供参考。

近年来，随着知识经济与全球经济一体化时代的来临，社会各个领域均亟须大量既具备较高英语应用能力又掌握丰富专业理论的应用型人才。但是，当前大部分毕业生在完全满足用人单位或企业对人才的基本要求方面还存在一定的差距。这些毕业生在校期间虽接受了专业的英语教育，却因受传统应试教育的影响，导致培养出来的专业人才在实践应用方面有所欠缺，哑巴英语现象仍存在。由此可见，我国大学英语课程教学的人才培养为区域社会经济发展服务，培育应用型人才成为多数高校大学英语课程的根本教育目标。

通过大学英语教学所培育的应用型人才指的是可把英语语言视作工具，并从事与自身专业学科有关的工作的专业人才。若想使大学生在毕业后满足用人单位与企业对英语应用型人才的要求，学校与教师应共同努力，完善英语课程体系设置，改革英语课堂教育模式，健全英语课程评价体系，提高英语教学应用型人才培养工作的成效与质量，满足知识经济时代社会各领域对人才的多元化需求。

社会在改革过程中持续发展和进步，大学英语教学改革亦应适应当前社会发展步伐，进行及时创新与改革。唯有如此，才能促进英语教学不断进步，才能使大学英语教学立足于应用型人才培养及学生英语语言实践运用能力的提高，把专业知识与技能运用到社会实践活动中。因此，学校应完善英语课程体系设置，注重课程设置的多样性，而教师在课堂教学中应改革英语课堂教育模式，激发学生学习的积极性，健全英语课程的评价体系，强调评价结果的合理性，提升大学英语教学应用型人才的培养质量。

目录

第一章 应用型人才导向下大学英语教学中存在的问题 …………………………… 1
- 第一节 大学英语教学问题的症结剖析 ………………………………………… 1
- 第二节 英语基础知识教学中存在的问题 …………………………………… 10
- 第三节 英语听力和口语教学中存在的问题 ………………………………… 16
- 第四节 英语读、写、译教学中存在的问题 ………………………………… 19

第二章 应用型人才导向下大学英语教学模式 ……………………………………… 27
- 第一节 大学英语自主合作探究教学模式 …………………………………… 27
- 第二节 成果导向教育视域下大学英语教学模式 …………………………… 31
- 第三节 应用语言学的大学英语教学模式 …………………………………… 35
- 第四节 基于跨文化交际的大学英语教学模式 ……………………………… 39
- 第五节 智能手机辅助大学英语教学模式 …………………………………… 42
- 第六节 多元互动的大学英语教学模式 ……………………………………… 46

第三章 应用型人才导向下大学英语课程体系建设 ………………………………… 49
- 第一节 模块化大学英语课程体系建设 ……………………………………… 49
- 第二节 合作模式下 ESP 大学英语课程体系建设 …………………………… 55
- 第三节 分层教学下的大学英语课程体系建设 ……………………………… 58
- 第四节 大学英语在线课程体系的建设 ……………………………………… 61
- 第五节 大学英语隐性课程体系建设 ………………………………………… 65
- 第六节 应用型大学英语口语课程体系建设 ………………………………… 68

第四章 应用型人才导向下英语文学与语言的关系 ………………………………… 72
- 第一节 英语文学中的语言艺术研究 ………………………………………… 72
- 第二节 正确认识英语文学翻译中的文化差异 ……………………………… 80
- 第三节 英语文学作品中的修辞运用 ………………………………………… 96

第五章　应用型人才导向下英语教学中的跨文化交际能力培养 …… 114

第一节　跨文化交际能力培养的认知体系 …… 114
第二节　跨文化交际能力培养的情感体系 …… 120
第三节　跨文化交际能力培养的行为体系 …… 130

第六章　应用型人才导向下大学英语教学方法的创新研究 …… 135

第一节　应用现代教育技术转变大学英语教学方法 …… 135
第二节　促进翻转课堂运用于大学英语教学的方法 …… 138
第三节　基于项目驱动教学理念的大学英语教学方法 …… 140
第四节　基于思辨能力培养的大学英语教学方法 …… 143
第五节　思想政治教育融入大学英语教学的方法 …… 145

第七章　应用型人才导向下大学英语教学的实践应用研究 …… 148

第一节　多模态的协同在大学英语教学中的应用 …… 148
第二节　激励教学法在大学英语教学中的应用 …… 151
第三节　多元互动教学模式在大学英语教学中的应用 …… 154
第四节　大学公共英语教学中的综合应用能力培养 …… 156
第五节　英语新闻输入在大学英语教学中的应用 …… 160
第六节　启发式教学在大学英语教学中的应用 …… 164

参考文献 …… 168

第一章 应用型人才导向下大学英语教学中存在的问题

第一节 大学英语教学问题的症结剖析

笔者认为，我国高校的公共英语教学一直是基于一个统一的教学大纲，缺乏分类指导，学生学习英语通常是为了通过考试（当然不排除日常交际的功用）。自全国大学英语实行四级、六级考试以来，各高等院校对英语越来越重视。很多学校要求所有专业的学生通过一年级、二年级的学习最后通过"全国大学英语四级考试"，"四级"考试主要测试学生的听、读、译、写能力（现在又对部分学生增加了口语考试），这对调动学生学习英语的积极性、提高英语教学水平起到了很大的促进作用。然而，由于没有后续教学，非英语专业学生在通过了大学英语四级、六级考试后也就意味着"圆满"完成了在大学期间的英语学习。高校三年级、四年级两年基本上没有系统的英语课程，ESP 并未得到应有的重视，ESP 教学尚处于初级阶段，关于专门用途英语（English for Specific Purposes，ESP）教学的具体理论研究及实践还不成体系，适合中国学生的教材十分有限。ESP 教学的匮乏与社会发展对人才的需要相矛盾。目前，很多大学生看不懂英文的产品说明书，更不知道某个术语用英语怎么说，无法用英语获取相关的专业知识。这样的教学是不完整的，更是无法顺应时代需求的。随着我国入世和进一步实行对外开放，社会对外语人才的需求呈多元化趋势，单一外语专业或单一技术技能型的人才已经不能适应市场经济的需要，人们普遍感到在学校所学的英语满足不了实际交际的需要。目前，外语界最热门的话题就是"如何培养复合型人才？""如何提高学生的英语实践能力？"这意味着当前的外语教学必须顺应时代要求，转变教学模式，由单科的"经院式"人才培养转向"宽口径""应用型""复合型"人才的培养模式。高校要做到这一点，必须大力倡导 ESP 教学。

与国外 ESP 的快速发展形成鲜明对照，ESP 在我国发展相对滞后。我国 ESP 研究起步较晚，在 20 世纪六七十年代国外 ESP 研究兴起之时，我国应用语言学的研究几乎处于停顿状态。从20世纪70年代开始，我国一些理工科院校相继成立了外语系或科技外语系，组织和实施大学英语教学；各省成立了大学英语教学专业委员会，全国成立了大学英语教学指导委员会，专门组织大学英语教学、研究、考试。我国对于ESP的研究始于20世纪70年代末，到目前为止，我国外语界对ESP在课程设置、教学法、教材建设、ESP工具书编纂等方面进行了多维探索。为了更好地传授ESP课程，我国外语界对与之关系甚为密切的工具书进行研究，并依据这些研究成果编纂了相应的辞书，如《英汉自动学及检测仪表词汇》《英汉计算机技术词典》《英汉美术词典》《英汉社会科学词典》《英汉空气动力学词典》等。但就编纂的宏观结构和微观结构而言，不少辞书仍存在着诸多缺憾。其间也发表了不少ESP的相关文章和论著，遗憾的是，大部分仍停留在介绍国外的研究成果上，只有少数结合自身ESP从教经历探讨大学ESP教学模式。与国外ESP的系统研究相比，国内ESP方面的研究相当有限。

我国的ESP教学兴起于20世纪80年代初，标志为科技英语和经贸类英语专业的设置以及由此带动的各类专业英语课程的开设。同时，一些外语院系开始尝试开设"科技英语"课程，并尝试与国外学术界交流。1981年，在联合国开发署的资助下，ESP教学网在北京外国语大学、上海外国语大学、西安外国语学院的出国人员培训部成立，目的是帮助ESP项目学员（主要是科技人员）用半年左右的时间完成语言训练，掌握英语交际能力；然后按中国与联合国有关组织和机构商定的经济技术合作项目被派往国外参加学术交流、学术深造或研究。

一方面，实践领域付出了巨大的努力；另一方面，却不时传来学术界对ESP是否存在的种种质疑。对于是不是有"科技英语"（专门用途英语在我国的另一种叫法），我国的外语界从一开始就有一场针锋相对的争论。当时中国科技大学研究生院李佩在向中国科学院各研究所发出的征求意见书中就记载了这样的意见分歧：

近年来，我国外语界对大学公共英语教学应取向"科技英语"还是"普通英语"一直有所争议。所谓"科技英语"是20世纪70年代国外开始流行的"专用英语"引进中国后的一种说法。赞成"科技英语"者认为随着科学技术的飞速发展，国际交往日益频繁，英语已成为国际学术交流所必备的工具，因此认为"科技英语"或"学术英语"应是大学英语的主攻方向以满足学生的特殊需要。而主张"普通英语"者则认为无论何种专业系统，其所用英语均属于该语言的大体系，只有"为科技用的英语"，而不存在什么"科技英语"；只有让学生打下扎实的英语基础，方能真正使英语起到得心应手的工具作用。

在李佩所选的中国科学院各研究所所长和研究员的回信中，基本上都反对"科技英语"说法。如："把外文的基础打好，读科技文章就不成问题。""我偏向于以'公共英语'

为基本，只有掌握这门语言的'共核'部分，才能有利于在科技方面的应用。""我百分之百地支持大学公共英语应取向'普通英语'的看法。"中国科学院院士，当时复旦大学校长杨福家甚至撰文指出"不能将语言简单地划为'科学英语'，乃至'物理英语''生物英语'等等"，并断言"'科学英语'根本不存在"。张少雄撰文认真评说了科技英语词汇不存在的种种理由，并由此断言：不仅科技英语词汇不存在，按学科分类方法分割出的各种专业英语，除有一定程度的心理意义以外，并无理论上的科学性，也没有实践上的必要性。

学术上意见不同完全可以争论，但当时这场争论已超越了理论上的探索，直接影响了我国的大学英语教学课程设置和发展方向。在较长的一段时间里，这种观点占主导地位：我国的大学英语教学是基础英语即普通英语的教学，不需要也根本没有必要进行专门用途英语的教学。按照一般的理解，科技英语是 ESP 的重要组成部分，我国的 ESP 教研也是首先从科技英语开始的。如果科技英语不存在，ESP 存在的理由就必然苍白无力。出现这种尴尬的局面有多种原因，最主要的是长期缺乏理论研究使得我国高校的 ESP 教学体系多年来一直处于较为混乱的状态，突出表现在教学大纲对 ESP 课程定性与定位不明、ESP 师资匮乏、教材滥用等。

1983 年，上海交通大学受国家教育委员会（简称为国家教委）的委托，对全国部分院校毕业生在工作中使用英语的情况进行调查分析，这是我国大学英语教学首次对学生的交际需要进行分析，此后又对部分院校新生入校时的英语水平进行调查分析。这些分析虽然不尽完善，却为国家教委 1985 年颁布的《大学英语教学大纲》（理工科本科）（以下简称"85《大纲》"）的制定提供了重要的数据资料。85《大纲》将大学英语分为专业英语阅读阶段和基础阶段，指出了专业英语阅读阶段的培养目标是：使学生能以英语为工具，获取专业所需要的信息。尽管 85《大纲》中不少内容的确定都采用了 ESP 的方式方法，如"微技能表"就是以 Munby（芒比）的被应用语言学界誉为 ESP 中最深刻、最严谨的需要分析的《交际大纲设计》（*Communicative Syllabus Design*）一书为蓝本，但 85《大纲》没有明确 ESP 课程，只是遮遮掩掩地称它是"专业阅读"（尽管最初开设的课程以科技英语为主），没能明确指出它到底是英语课还是专业课，至于到底读什么，深度、难度如何，均没有量化的指标。

85《大纲》对 ESP 教学没有实质性的推动，加之 ESP 本身的跨学科性和当时社会经济状况对英语要求不高，因此在经历了 20 世纪 80 年代末到 90 年代初短暂的科技英语热之后，ESP 教学发展几乎停滞。原本设立 ESP 专业的学校，由于毕业生没有明显的优势，不得不放弃 ESP 特色。例如，原华西医科大学曾在 1986 年开设了医学科技英语专业，学生除学习英语外，每学期还至少学习一门医学课程，学制相应延长至 5 年。其培养目标为医学院校英语教师，毕业生既能胜任公共英语教学，也能承担医学英语甚至医用拉丁语教学。但走上教学岗位的毕业生反馈医学院校有的没有开设医学英语课程，有的开设了医学英语课程但不是由外语教师任课，因此该校英语专业从 1994 级学生开始，基本上停开了所有医学课程，学制也缩短至 4 年。

就教学对象来讲，ESP 和基础英语（English for General Purposes，EGP）EGP 一样，在我国有着广大的学习者。许多岗位的工作人员利用业余时间参加 ESP 课程培训，从每年有几十万的学习者参加由剑桥大学举办的 BEC（Business English Certificate）考试就可以看出这种趋势的存在。从国家教委到外语学界的专家、学者以及一线教师都意识到了开设 ESP 课程的重要性。

1996 年出版的高等学校理工科本科用《大学英语专业阅读阶段教学基本要求（试行）》弥补了 85《大纲》的缺陷。对 85《大纲》中关于专业阅读课教学的要求和安排做了进一步的阐述，制定了课程的教学基本要求，加快了专业阅读课教学规范化的步伐。

同时，外语专业教学内容和课程体系改革也在紧锣密鼓地进行。1994 年底，国家教委制定了高等院校面向 21 世纪教学内容和课程体系改革计划，"面向 21 世纪外语专业教学内容和课程体系改革"课题项目由上海外国语大学和北京外国语大学合作承担，并邀请了北京大学、清华大学、复旦大学、南京大学、对外经贸大学、外交学院、华东师范大学和解放军外国语学院等院校的专家、教授参与工作。为了便于开展研究，分别成立了由上海外国语大学和北京外国语大学牵头的南方和北方两个课题组，在国家教委高教司外语处的直接指导下工作。课题组自 1996 年正式开展工作，到 1997 年 6 月截止，分两个阶段进行了大量的调查研究、信息数据统计和分析研讨工作。两组分别设计了调查问卷，分析反馈信息，并在此基础上撰写了分析报告。1997 年 6 月，课题组成员参加了高等学校外语专业教学指导委员会英语组年会；1997 年 11 月，参加了全国外语院校协作组年会。在两次年会上，课题组成员认真听取了外语界专家对外语专业教学内容和课程体系改革的意见和建议，与会专家肯定了课题组的调研工作以及关于外语专业教学改革的总体思路。

经过对全国部分外语院校（系）人才培养和教学现状的摸底调查，基于各院（系）的总体改革和发展情况，结合 21 世纪对外语人才的需求，课题组提交了《关于外语专业教育改革的建议》（以下简称《建议》）。《建议》的核心内容是：21 世纪是一个国际化的高科技经济时代、信息时代、智力和人才竞争的时代。我们培养的学生作为 21 世纪的社会主义建设者和接班人，应该是能立足我国以经济建设为中心的各条战线，面向改革开放前沿，适应市场经济，利用所学语言和知识，在传播沟通信息和进行科研成果的对外交往与合作、从事教育与科学研究等方面胜任工作，并发挥积极作用。这是21世纪的中国和世界对外语专业人才提出的新要求。这份建议还指出，外语教育专业改革的当务之急是转变教育思想，更新教育观念。由于社会对外语人才的需求呈多元化的趋势，过去单一外语专业和技术技能型人才已经不能适应市场经济的需要，市场对纯语言专业毕业生的需求量正逐渐减少。因此，外语专业必须从单科的"经院式"人才培养模式转向宽口径、应用型、复合型人才的培养模式。其实，英语专业的学生仅仅是ESP学习者的一小部分，更大一部分来自非英语专业的学生以及专业工作人员。

ESP课程的进一步明确是1999年修订的《大学英语教学大纲》（以下简称"99《大纲》"）。99《大纲》正式提出了"专业英语"这一名称，对"专业英语"的地位与重要性给予了充分的肯定，并规定其为必修课。99《大纲》明文规定："专业英语是大学英语教学的一个重要部分，是促进学生完成从学习过渡到实际应用的有效途径。各校均应在三年级、四年级开设专业英语课……切实保证大学英语学习四年不断线。"99《大纲》明确了大学英语第二阶段即提高阶段的教学方向（第一阶段为基础阶段），为大学高年级阶段的ESP教学定了位。

但99《大纲》依然存在问题。既然是《大学英语教学大纲》做出的规定，那么专业英语课理应属于英语课程系列，是公共基础课。但是，99《大纲》规定"专业英语课原则上由专业教师承担，外语系（部、教研室）可根据具体情况配合和协助"，在实际操作中，ESP课程几乎完全成了专业课教师的副业。可能是由于99《大纲》对ESP的定位不明，导致各个学校教务部门对它的认识五花八门。以同济大学为例，在42个开设有ESP课程的专业中，有21个把它列为专业基础课，有15个把它列为专业课，还有6个把它列为公共基础课。同济大学的情况在全国高校中很有代表性。作为专业课或专业基础课，ESP课程理所当然地应该由专业课老师来组织教学。而作为公共基础课（大学英语课程的一个分支）则应该由英语教师来组织教学。从ESP的全称English for Specific Purposes来看，它首先是一门英语课，应该由英语教师来承担。无论是英、美等英语国家还是新加坡、罗马尼亚、中国香港地区等英语水平较高的国家和地区都把ESP课程作为英语教学的一个分支，由英语教师来承担教学工作。而在我国，由于定位不明确，ESP课程一小部分由英语教师承担，其余大部分由专业课教师包揽，使得从事ESP教学的教师主要有这样两类：

第一类教师：在服务前（pre-service）以学文学为主，后来从事EGP教学。由于教学计划改变或为满足学习者新的需要而转向一些较热门的专业英语，如法律英语、商务英语、科技英语等。由于本身不是某一话语共同体的成员,这类教师的教学具有一定的局限性,如不完全熟悉该专业的业务,无法了解学习者的各种需要,不精通该语言体裁的特点或词汇特点,容易将专业学科教学上成英语的辅助课,易使语言教学走弯路,不但费时、低效,甚至会误导学习者。

第二类教师:在许多高校,专业英语都是由某一系或专业的英语水平较高的专业教师来承担。这些教师的优势是熟悉本专业的词汇与交流机制,既是目标话语共同体的成员,又是该专业的行家里手。但是,专业课教师讲授 ESP 课程有很多缺陷。首先,教师的英语应用水平和教学水平不一。少数专业课教师有较高的英语应用水平,但就如汉语讲得好的人不一定会教中文一样,他们是否有能力组织有效的 ESP 教学还很难说。更何况,英语应用能力强的教师不一定被安排去教 ESP 课程,这就不可避免地使相当一部分教学任务落到了英语应用能力还存在问题的教师身上。同济大学的相关调查表明,不少从事 ESP 教学的专业课教师对自己的英语能力信心不足,多数老师只用传统的语法翻译法教学。同济大学作为全国排名靠前的重点大学,情况尚且如此,其他高校的情况就可想而知了。其次,专业课教师无论是教学还是科研,都把主要精力放在自己的专业上,ESP 课程只不过是其"副业"而已,花在上面的精力非常有限,这直接导致 ESP 教学方法呆板、教学效果差、科研停滞不前。而对 ESP 教学和科研有兴趣的英语教师却苦于没有机会从事教学实践,即使搞科研,也只能是纸上谈兵,无法理论联系实际。

另据韩萍、朱万忠等调查,由于 ESP 对教师有专业与语言的双重要求,许多高校的专业教师由于自身语言底子不足又缺乏语言教学经验,选择的教学模式主要还是"翻译+阅读",很少涉及语言综合技能的全面训练,在课堂中扮演的角色仍然是"以教师为中心"的"传道授业解惑者",学生也只是知识的被动接受者;同样,语言教师承担 ESP 课程教学时,由于不懂相应的专业知识及 ESP 教学之于 EGP 的特殊性,也难以胜任。①ESP 师资选择陷入两难的境地。陈冰冰②通过对温州大学师生进行访谈发现,许多教师对 ESP 教学没有组织设计交际任务或活动,仍使用传统的呈现式、灌输式教学法,或使用精读和阅读的教学模式进行教学,整个课堂只有来自教师的输入(input),忽视了学生对所学语言的输出(output),"哑巴英语"现象仍然没有得到改观。受英语四级、六级全国统考的影响,全校外语教师普遍重视基础英语,从事 ESP 教研的教师寥寥无几,这从该校 2004 年度校级 ESP 教研立项的项目数量就可以看出:总共 39 个项目中,有关大学英语的有 6 个,而有关 ESP 的只有 1 个(《英美报刊选读》教学创新之探索)。同样,其他高校也存在着类似现象。

---

① 韩萍,朱万忠,魏红. 转变教学理念,建立新的专业英语教学模式 [J]. 外语界,2003(2):24-27+33.
② 陈冰冰. 关于 ESP 教学的几点思考及建议 [J]. 温州大学学报,2004(3):9-12.

99《大纲》中要求各校"要逐步建立起一支相对稳定的专业英语课教师队伍,成立由学校领导和专业英语教师组成的专业英语教学指导小组,统筹、协调、检查专业英语教学方面的工作",明示了ESP师资力量不稳定的突出问题。一般院校很难找到既通某种专业又通外语的"全科教师"。一般的英语教师缺乏必要的专业知识,讲授的深度和广度受限,加之基础教学任务重、压力大,无力担此重任;而专业教师对于大学英语教学的内容不熟悉,对学生在基础阶段所接受的训练及掌握的语言知识、技能了解不多,在讲课中出现该讲的没讲,不该讲的又重讲的现象,加之受其自身英语水平的限制,不利于指导学生的专业英语阅读。

尽管专业课教师和语言教师的合作一直为ESP研究者所提倡,可是王蓓蕾在对同济大学ESP教学情况调查中发现,ESP教师都是专业课教师,其中只有两位和其他教师合作教学。[1]他们的教学重任仍在专业课上,他们认为ESP课程备课量大,对教师有专业和语言的双重要求,费时费力,不如上专业课有成就感,导致师资队伍不稳定。一些高校或推迟开课的时间,或索性根本不开设ESP课程。

事实上,由于长期以来ESP在大学英语教育中的定位模糊不清,选择教师的尴尬仍在继续发生,围绕着这个话题的讨论也在继续进行。章振邦[2]教授指出:"现在的问题是我国的普通英语教学太长,对专业英语重视不够,从小学到中学到大学学的都是普通英语,所谓'四级''六级'测试,都是在测试普通英语的水平。大学英语教学迟迟不与专业挂钩,怎能要求学生毕业后愉快地走上需要专业英语的工作岗位?"刘法公[3]指出,中国英语教学界对基础英语和专门用途英语教学存在不少模糊的认识,认为英语教学的任务就是培养学生的基础英语技能。我国许多高校的现状是重视基础英语,忽视ESP教学,极大地影响了学生综合英语能力的培养。著名学者秦秀白[4]教授认为我国的ESP教学尚未进入成熟阶段,一个主要原因是没有解决好ESP在大学英语教育中的定位问题。

众多专家、学者都曾就此提出自己的解决方案,刘润清[5]建议给大学英语教师举办师资培训班;黄建滨和邵永真[6]认为应"选派英语功底好的优秀专业课教师担任专业英语课的教学任务,并在待遇上给予特殊政策";蔡基刚[7]认为ESP教学应"主要由外语

---

[1] 王蓓蕾.大学英语课堂任务后学生互动中的语言形式聚焦探究[J].外语与外语教学,2016(1):41-49,147.

[2] 章振邦.也谈我国外语教改问题[J].外国语,2003(4):1-6.

[3] 刘法公.论基础英语与专门用途英语的教学关系[J].外语与外语教学,2003(1):31-33.

[4] 秦秀白.ESP的性质、范畴和教学原则——兼谈在我国高校开展多种类型英语教学的可行性[J].华南理工大学学报(社会科学版),2003(4):79-83.

[5] 刘润清.外语教学研究的发展趋势[J].外语教学与研究(外国语文双月刊),1999(1):8-13,79.

[6] 黄建滨,邵永真.大学英语教学和教师情况调查分析[J].中国大学教学,2001(6):20-22+25.

[7] 蔡基刚.ESP与我国大学英语教学发展方向[J].外语界,2004(2):22-28.

教师来承担，而双语课可由专业教师授课"，还提出鼓励年轻的具有硕士学位的外语教师攻读其他专业的博士学位，加强和双语课程专业课教师的业务合作等。

长期以来，我国外语师资培养结构不合理，ESP教师教育专业空缺。传统的师范外语专业知识结构单一，偏向纯语言知识的传授，学科知识与跨学科知识互不挂钩，外语师资与专业师资的培养各自为政，忽视了"ESP as a multi‐disciplinary activity"（ESP作为一种多学科活动）的事实，缺乏对英语作为国际性语言应与时俱进、与世界经济全球化同步发展的前瞻性考虑。当然，我国个别高等院校已经注意到这一问题，并实施了一些应对措施。例如，广东外语外贸大学开设了法律英语的博士点，其商务英语学院每年还派送商务英语教师赴英国中央兰开夏大学攻读国际商务英语教学或工商管理硕士学位；上海对外经贸大学定期派送英语教师到英国进行ESP师资培训。这些做法当然值得极力推荐，可是就国内大部分高校目前的条件来讲，还是不太现实，即使能够做到，也是杯水车薪，解决不了全部问题。

除大纲和师资问题外，教材的问题也相当严峻，不容乐观。开展专门用途英语教学必须依靠合适的系列教材。如果没有一系列科目适当、难度适中、语言适宜的专门用途英语系列教材，就无法保障教学质量。国家教委没有组织各系统、各专业统一编写专业英语教材。基本上每所高校都以自行编写或选编为主，教材没有统一的教学目标，缺乏统一的指导思想，存在着较大的盲目性和主观性。各教材之间缺乏内在的连贯性与系统性，很少考虑所选教材之于教学法的可操作性。有的教材是国外专业书的片段拼凑；有的只有课文，没有练习；有的只注重专业知识，完全忽略英语语言的训练。大多数教材是由个人自发独立或联合编写的。部分ESP教材的编写者只是从事通用英语教学，没有受过有关ESP知识的专门训练，对ESP的核心指导理论——"真实性"的理解不够完全，认为真实的语料仅指真实的书面语篇，忽略了听、说等真实的语篇、真实的课堂活动的运用和对语言教室交际场景文化真实的设计，以及对学生真实学习策略的培养。一些教材虽然运用了真实阅读语篇，但内容陈旧，不能充分地调动学习者的积极性，教学效果不理想；某些教材练习仍然以语法、词汇、翻译等传统练习为主；还有一些教材则全盘采用外国杂志上的原始材料，难度大大超过学生已有的语言与专业水平，阻碍了课堂交际活动的进行。更严重的问题是，教材几乎全是由教师在课前选定的，学生对教材的选择没有发言权。任何ESP课程的设计都要以学习者需求为基础，而在我国，ESP需求分析对绝大多数课程设计者来说还是一个陌生的概念，更不用说有人去做了。没有需求分析，课程设计者对各个领域的ESP课程是否有必要开设缺乏概念。比如，应该以使学生达到什么程度为培养目标？达到这一目标需要多少学时？应该采取大班上课模式还是小班上课模式？因此，出现有的专业安排 ESP 课程，有的专业则没有；学时差异也很大；无论专业本身对听、说、读、写要求如何，都采取大班上课模式。

目前，组织人力编写出较为完整、统一的专门用途英语教材是亟待解决的英语专业学科建设问题。近几年来，宁波大学、汕头大学、广州外语外贸大学、北京外国语大学的专门用途英语教师已陆续编写并出版了《现代国际商务英语》《报刊英语》《旅游英语》《国际商务英语》《国际金融英语》《商贸法规英语》等教材并同时开设相关课程，这一尝试值得借鉴推广。

鉴于师资匮乏、教材滥用等问题，很多院校的专业阅读课迟迟不能开设；即便开课，课时也不能保证，收效甚微，形同虚设。王蓓蕾在对《同济大学 ESP 教学情况调查》一文中指出："调查表明，从总体来看，62% 的学生能看懂原版资料，但遗憾的是，80% 的学生却无法用英语交流相关信息。看来 ESP 教学仍停留在专业阅读阶段。各专业的差异也较大，如地质学专业 70% 的学生能看懂原版资料，而给水排水工程竟有 50% 的学生看资料有困难。"

ESP 课程具有边缘性，是专业内容与英语语言技能培养的结合，各个领域的内容差别很大。目前，我国多数 ESP 课程缺乏教学大纲，虽然 85《大纲》、99《大纲》对 ESP 课程做出了一些指导性的规定，但过于笼统，不能算作真正意义上的教学大纲。而且，每个领域（如医学、法律、计算机、金融等）的 ESP 内容各不相同，不可能共用一个大纲。教学大纲的缺乏使得教师对教材的选取和讲授内容的多少自由度过大，责任心欠缺的教师可能会偷工减料，使教学内容大打折扣；即使责任感强的教师，也会由于对课程的认识不一致而影响教学内容和效果。教学必须有相应的评价机制，ESP 教学不同于一般的教学，不能用一般的教学评价机制来衡量，需要建立客观、公正、符合 ESP 教学规律和特点的评价机制，而大多数高校还没有建立起相应的 ESP 教学评价措施，使得 ESP 教学长期处于无人监管的状态。

教学发展的停滞不前使有关部门认识到了问题的严峻性，在 ESP 教学举步维艰、效果不佳的情况下，转而把希望寄托在双语教学上。教育部在 2001 年 9 月下发了《关于加强高等学校本科教学工作提高教学质量的若干意见》（以下简称《意见》），《意见》强调指出："积极推动使用英语等外语进行教学，按照教育面向现代化、面向世界、面向未来的要求，为适应经济全球化和科技革命的挑战，本科教育要创造条件使用英语等外语进行公共课和专业课教学。对高新技术领域的生物技术、信息技术等专业，以及为适应我国加入 WTO 后需要的金融、法律等专业，更要先行一步，力争三年内，外语教学课程达到所开课程的 5%~10%。暂不具备直接用外语讲授条件的学校、专业，可以对部分课程先实行外语教材，中文授课，分步到位。"这里所说的外语教学即双语教学。有关部门及高教界人士一度对双语教学提高学生 ESP 应用能力寄予厚望，但在具体的教学操作中，双语教学依然困难重重，成了很多学校教学上的一个死结。湖北大学的一位负责人在该校接受教育部评估前无奈地说："我校各项指标都能得 A，唯独双语教学率不及格。"2004 年颁布的新的《大学英语课程教学要求（试行）》，虽然强调教学要与学生未来工作需要相结合，但对 ESP 教学并没有明确提及。大学英语教学依然沿袭通用英语一统天下的套路，ESP 教学似乎已被淡忘，无人问津了。

ESP 在中国已有几十年的发展历史，遗憾的是，出于种种原因，它依然未能挣脱大学公共英语和专业课程的羁绊。传统的"语言中心"和"教师中心"的教学法仍然根深蒂固，ESP 课程不免处于尴尬境地，既不能满足学生提高语言能力的要求，其重要性也无法与专业课相提并论。

第二节 英语基础知识教学中存在的问题

一、语音教学中存在的问题

我国的英语语音教学主要存在五个问题：对语音教学的内容和任务把握不够、对语音教学重视不够、教师语音不标准、对语音教学的长期性认识不够、学生的语音练习机会太少。下面我们就对这五个问题分别进行说明和分析。

（一）对语音教学的内容和任务把握不够

语音教学的内容不仅包括字母、音标和拼读，还包括语流、语调和重音等。但是，有的教师只关注前面几项内容而忽视了后面几项，这就很容易造成学生发音尚可，拼读也还熟练，但语流不畅、语调不过关，最终影响朗读、口语能力的发展。语调、重音等因素对语义的影响有时比单个音素还要大，而且对学生语感的培养极为重要。因此，英语语音教学不能只停留在单个音素和单词读音的层面，还应帮助学生在音长、重音、语调、停顿和节奏等方面打下坚实的基础。

除了知识性的传授以外，在语音教学中，教师必须使学生具备以下几种能力：

（1）能够听音、辨音和模仿语音。

（2）能够将单词的音、形、义联系起来，并能迅速做出反应。

（3）能够按照发音规则将字母及字母组合与读音联系起来。

（4）能够迅速拼读音标。

（5）能够将句子的读音和意义直接且快速地联系起来，从而达到通过有声言语进行交际的能力。

（6）能够朗读文章和诗歌。

（二）对语音教学重视不够

语音不仅是语言的基本要素，更是语言赖以存在的基础。可以说，世界上所有的语言不一定都有文字形式，但一定有各自的语音。然而，在实际教学中，教师对语音重视不够的情况并不少见。这一现象不仅表现为教师对学生的发音问题（如浊辅音发成清辅音、短元音发成长元音等）不认真纠正就放过，还表现为学生的语音基本技巧不纯熟，无法快速地将字母和语音联系起来，达不到直接反应的水平。总之，对语音教学的重视不够往往会直接导致学生语音基本技巧自动化程度不够。

这一问题不仅阻碍了英语的后续教学，更影响了学生的语言能力和各项语言技能的发展。有调查显示，我国英语教学存在两极分化的现象，包括班与班、校与校、地区与地区的宏观分化，以及班内学生之间的微观分化。这种分化无不与语音教学有着莫大的关联。如果语音基础不好，学生读单词就会有困难。学生不会读或读不准单词会直接影响他们对于单词的记忆和积累。如果词汇量不够的话，阅读也就困难重重。另外，如果语音基础不好，学生就无法将音与义快速联系起来，这将给学生的听力学习造成很大的困难。如果教师用英语授课，则英语听力能力较弱的学生将难以跟得上，最后会连听课都困难，就只能放弃英语学习。

（三）教师语音不标准

作为语言的基本功，语音看起来简单，但实际上要想做到发音准确是十分不易的。部分教师也存在发音不准确的问题。还有一些教师不分英式发音和美式发音。这在中国人看来似乎没什么，但在英语系的人听来就十分怪异了。要想解决这些问题，教师就必须自觉地提高英语水平，进行一定的专门发音训练。此外，教师也可以使用具有录音功能的教学工具，一方面能够保证语音的准确性，另一方面也能够保证每位学生都听得清楚，从而达到正音、正调，提高学生学习兴趣的目的。

（四）对语音教学的长期性认识不够

英语教学是从语音教学开始的，但这并不意味着语音教学只存在于英语教学的初期。事实上，语音教学应该贯穿于整个英语教学之中。这点常为一部分教师所忽视，导致学生的语音越来越差。高年级学生反而不如低年级学生敢于开口讲话。这些问题的产生都与教师对语音教学的长期性认识不够有很大的关系。语音是一种技巧性能力，"久熟不如常练",语音的学习需要经常练习。教师不仅要指导学生练习,自己也要不断地进行纠音和正调。入门阶段以后的语音教学大多是融入语法、词汇、句型、课文教学,以及听、说、读、写训练之中的,虽然并不明显,但体现了英语学习的综合性质和科学规律。

(五)学生的语音练习机会太少

语音练习机会少是英语语音教学中的一个显著问题,也是学生英语语音学习效果不佳的一个重要原因。要想解决这一问题,教师应做到以下几个方面:首先,要坚持听音在先,听清、听准、听够,然后再模仿发音或读音;其次,可在纠正语音的时候画龙点睛地讲一些语音知识和练习诀窍,如设计单音成组比较练习,音调、词调、句调结合练习,或英汉语音对比练习等。此外,教师还应注意学生普遍存在的语音问题,并有针对性地对学生进行"发声"指导,帮助学生纠正语音问题。

二、词汇教学中存在的问题

我国的英语词汇教学主要存在四个方面的问题:教学方法单一、忽视学生的主体地位、缺乏与实际生活联系、缺乏系统性。下面我们就对这四个问题分别进行说明和分析。

(一)教学方法单一

词汇是学生在英语学习过程中最感到头疼的部分。词汇的记忆和使用往往令学生感到枯燥、乏味。综观我国的英语词汇教学可以发现,大部分教师依然采用传统的教学方法,即"教师领读—学生跟读—教师讲解重点词汇用法—学生读写记忆"。这种教学方法单调、乏味,学生处于被动的学习状态,这无疑加剧了学生对词汇学习的抵触情绪,词汇教与学的效果都不会太好。

面对上述问题,教师必须重视教学的改革,采用多样、有趣的词汇教学方法来调动学生的积极性,提高学生学习词汇的兴趣。例如,教师可以利用实物、多媒体等教具来呈现和讲解词汇,从而达到抓住学生的注意力,提高他们词汇学习兴趣的效果。

(二)忽视学生的主体地位

随着英语教学的不断发展,越来越多的教师认识到学生在英语学习中的主体地位。然而,这种主体地位在实际的英语教学中仍未得到很好的体现,词汇教学也不例外。词汇教学本应注重对学生智力的开发,重视对学生的观察力、记忆力、想象力、思维能力和创造能力的培养。而现实状况却是"教师只顾教,忽视学生学"。教师大多采用填鸭式教学,将词汇的发音、意思、搭配等知识灌输给学生,要求学生死记硬背下来,而忽视了对学生主观能动性的激发。实际上,学生的词汇学习到达一定阶段后,学生大多已经具备了一定的英语词汇基础，且有能力对相关的词汇规律进行归纳和总结。因此，教师不应继续"独揽霸权"，而应发挥引导作用，使学生能够逐渐独立思考和总结、发现词汇规律、掌握词汇学习的方法，这样的词汇学习才能更加长久、更加有效。

（三）与实际生活联系不够

词汇教学方法的单一导致词汇的呈现、讲解大多局限在黑板和教师的口头讲述上，这意味着其与实际生活的联系十分微弱。如果词汇学习不能与学生的实际生活联系起来，就难以引起学生的词汇学习兴趣，也无法实现因材施教。

为解决这一问题，教师就要将词汇教学和实际生活多加联系。例如，教师可将所授词汇放在一个真实的语境中来呈现或讲解，也可以适度扩展一些学生感兴趣的词汇，还可以补充一些和所教词汇相关的课外内容，并做适当的引申。学生只有认识到所学词汇的实用性，才会产生强烈的学习动机，词汇学习的效果才会更好。

（四）缺乏系统性

英语词汇的教与学都可以按照一定的系统来开展。教师把握好这种系统性有助于了解词汇之间的联系，从而提高词汇教学的效率和效果。然而，目前我国大多数的英语词汇教学都严重缺乏这样的系统性。肖礼全曾指出："从小学到中学再到大学，所有的英语课本所包含的课文，其内容的主题都没有一个系统可循，几乎每一册课本都可能包含十个甚至更多的主题，如生活常识、人物事件、生态环境、旅游观光、社会道德、天文地理、历史经济等。"由于这些课文没有共同的主题，其所包含的词汇也就缺乏共同的纽带和轴心，学生能够依附的知识体系繁杂，因而也就无法形成一个可以展开或聚合的体系。这就容易导致学生在应用、记忆、复述、联想这些词汇时陷入一种无章可循的散乱状态，最终导致学生的英语词汇学习效果不佳。

要解决这一问题，教师就应将词汇教学纳入知识系统学习的轨道，用专门的知识系统来引领和组织英语词汇学习。例如，定期按照一定的标准（如相同主题、反义关系、相同语境等）对所学词汇进行归纳总结，这样学生才能更加有效地理解和使用词汇，词汇教学才能取得更大成效。

三、语法教学中存在的问题

语法是构筑一切语言的奠基石，是语言教学和考试中必不可少的部分。语法教学效果的好坏直接关系到学生对语言的理解和应用能力。就我国英语语法教学的现状来看，其中存在五个问题：教学环境差、教学方式单一、教学时间不足、语法地位降低、教学缺乏系统性。下面我们就对这五个问题分别进行说明和分析。

（一）教学环境差

语言环境对语法教学的影响很大。如果语言环境较好，则便于学生在真实的语境中理解和使用语法。如果语言环境不利，就会对语法教学造成很大的阻力。在我国，英语教学是在汉语的环境下进行的，而英汉两种语言分属于不同的语系，这就使英语语法教学处于一个不利的语言大环境之中。另外，在国内大部分英语语法课堂教学中，教师大多采用汉语授课，更加大了语言环境的不利影响。学生在缺乏语境的情况下，对语法的理解和掌握不够深刻，只能机械地记忆教师教授的语法条目，却无法真正地掌握其使用方法，以致错误频出。要想解决这一问题，教师应尽量用英语授课，并注意结合真实的语境来教授语法，便于学生的理解、记忆和使用。

（二）教学方式单一

"先讲语法规则，后做练习"是我国英语语法教学最常使用甚至是唯一的教学方法。然而，这种教学方法使学生处于被动地接受地位，无法调动学生学习的积极性。这种教学方法往往会令学生感觉好像听懂了、会用了，可是要使用的时候又感觉语法很陌生，总是会遇到这样或那样的问题；尤其是当几个语法现象共同出现的时候，学生往往就会不知所措。因此，面对复杂、繁多的语法条目，教师务必要注意教学手段的多样性，以激发学生的学习兴趣，深化学生对语法条目的理解，实现语法教学效果的最大化。

（三）教学时间不足

在缺乏英语大环境的基础上，我国英语语法教学要想取得成绩，主要靠课堂教学效果。然而，英语课堂教学除了涉及语法教学以外，还涉及语音、词汇、听力、口语、阅读、写作、翻译方面的教学，这样一来，用于语法教学的时间就少之又少了。教学时间的不足也是制约英语语法教学效果的一个重要因素。

要想解决这一问题，教师不能硬从其他语言知识和技能的教学中挤时间，而应将语法教学与听、说、读、写、译的教学融合在一起，这样就大大增加了语法教学的时间和效果，同时也不影响语言技能的教学，可谓一举两得。

（四）语法地位降低

近几十年，英语语法教学经历了从"天上"到"地下"的巨大变化。早些年，语法教学是整个英语教学的重点，甚至还有教师将二者等同起来。一时间，语法教学的地位"无人能及"。然而，随着在此观点指导下英语教学弊端逐渐暴露，大量淡化英语语法教学的现象也逐渐显露。导致这种现象产生的原因有两方面：一是学生从小学就开始学语法，到大学阶段语法学习已基本完毕，无须重复；二是试卷中考查语法的题目较少，分值比重也很小，不值得学生花费太多的精力去学习。事实上，这两种观点均存在一定的问题。下面我们就对这两种观点分别进行评述。

第一种观点将语法学习时间的长短和学习内容的多少、学习效果的好坏等同起来，这是不正确的。学习时间长并不代表学生学到的知识就又多又好。即使学生掌握了初、高中全部的语法内容，也并不意味着他们能够理解所学语法项目的全部用法。因为，中学阶段的很多语法项目有时并不适用于学生在大学阶段遇到的一些语法现象。例如，中学时期学习的条件状语从句的使用要求是"从句用一般现在时，主句用一般将来时"。但是，学生日后遇到类似下面的句子时，就会难以理解。例如：

If it should fail to come, ask Marshall to work in his place.（如果不能成功，让马歇尔替他工作。）

本例中，不管主语的人称和数如何，从句动词一律采用"should+ 不定式"的形式，而主句动词则可根据语义意图采用不同的形式。其中，should 表示一种不太肯定的婉转口气，并不影响条件的真实性。条件状语文本的这种用法在初、高中时期并不多见，学生仅靠对条件状语从句的一般认识是无法彻底理解本句含义的。

由此可知，尽管很多语法项目对于学生来说看似学过，但往往包含了多种用法和意义。这些用法和意义对于学生来说显然无法在英语学习的初级阶段就全部学到。如果学生不能深入、持久地学习和更新语法知识，就很难理解那些看似熟悉的语言现象。

第二种观点本身就是目光短浅、只见表面不见本质的。尽管英语考试直接考查语法的题目所占分值不高，但作为语言构成的基础，语法无论对英语学习还是对英语考试都具有极为重大的意义。这是因为，任何句子的分析和理解都离不开语法。无论是听力、口语、阅读、写作还是翻译，学生如果没有扎实的语法基础，就可能听不懂、说不对、看不明白、写不出来、翻译错误甚至翻译不出来。可以说，英语考试就是建立在语法基础上的，对学生语法的考查其实贯穿英语考试的整个过程。

（五）缺乏系统性

语法教学系统性的缺乏体现为，学生虽然对个别语法条目非常熟悉，但对与之相关的语法条目及其之间的差别与联系没有一个鲜明、完整的印象。例如，有一定英语基础的学生都能说出一些语法名词，如现在分词、过去分词、一般现在时、一般将来时、虚拟语气、独立主格等，但是如果让学生回答英语语法中有几种词类、几种时态、几种语态等问题，他们往往回答不上来。这种系统性的缺乏对学生全面、深刻地理解和使用语法知识是极为不利的。要想解决这一问题，教师应在语法教学过程中，对学过的语法项目多加总结，以帮助学生形成一个完整的语法体系概念。

第三节　英语听力和口语教学中存在的问题

一、英语听力教学中存在的问题

我国英语听力教学中存在的问题主要有：学生畏惧听力、听力基础薄弱、教学模式单一、缺乏适度引导、教材现状不佳等。下面我们就对这几个问题分别进行说明和分析。

（一）学生的问题

1. 畏惧听力

听力是一种综合的语言能力。听力技能的培养涉及理解、概括、逻辑思维、语言交际等能力的培养。但在实际英语听力教学中，很多学生因为跟不上语音材料的语速，且思维缓慢，而不能使听到的语音转化成实际的意义，因而听力效果不佳。也正因如此，学生对听力学习总是心存畏惧。

2. 听力基础薄弱

学生听力基础薄弱体现在多个方面。

（1）英语基础功底差。很多学生即使到了大学阶段，所掌握的词汇量、语法仍然十分有限，对语音的识别能力还很欠缺。这些都直接成了听力的重大障碍。

（2）缺乏英美文化知识。听力材料中包含一定的文化信息，而学生对英语国家的历史文化、自然地理、风土人情、思维方式、行为习惯等不了解，就势必会影响听的效果，甚至会产生错误的理解。

（3）不良的听力习惯。我国的英语教学具有很强的应试性，这种环境不利于学生养成良好的听力习惯。另外，学生在课外也很少练习听力，因而导致他们的听力欠佳。

以上听力基础的欠缺积累在一起会导致学生产生怕听的情绪。

（二）教师的问题

1. 教学模式单一

当前我国英语听力教学多采用"听录音—对答案—教师讲解"的教学模式。这种模式下的听力教学不仅缺乏对学生的有效监督，而且忽视了学生对语篇的整体理解，教师只是毫无目标、机械地播放录音，一遍不行就放第二遍、第三遍，盲目地教；学生盲目地听，丝毫无法产生听的兴趣，教学效果自然不佳。

2. 缺乏适度引导

在应试教学之下，英语听力教学多是围绕考试这个指挥棒转的。教师大多将教学重点放在如何应付考试上，以考试的方式训练学生的听力能力，不对学生做任何引导就直接播放录音。这就很容易使对生词、相关的知识背景等尚不熟悉的学生在听的过程中遇到种种障碍，不仅降低了听的质量，而且使学生产生挫败感，因而对听力学习失去信心和兴趣。

与之相反的是，有的教师总是在播放录音之前对学生进行过多的引导，不仅介绍了生词、句型，还将材料的因果关系等一并介绍给了学生。这样一来，学生不用仔细听也可以选出正确答案，就很难激起学生听的兴趣，听力教学也就失去了意义。

由此可见，如何对学生进行适度的引导是关系听力教学质量的一个重要问题，引导太多或太少都会影响教学效果，教师应根据实际情况灵活进行把握。

（三）教学条件的问题

1. 听力时间不足

由于大多数学生很少在课下积极主动地练习听力，因此，听力学习的时间主要集中在课堂上。一节课的时间有限，不可能全部用于听力，因此，学生能够听的时间其实很少。而听作为一种综合性技能，它的提高并非一朝一夕能够实现的，这就造成学生听力水平提高缓慢。

2. 教材现状不佳

教材是教学得以开展的重要依据，对教学大纲和练习的设计和安排有着直接的影响，对教学活动的开展起着关键的作用。好的听力教材不仅可以丰富学生的文化素质，还可以开阔学生的视野。但我国很多学校使用的听力教材存在内容陈旧、编排不合理等问题，不能反映迅速变化的时代，也无法体现最新的教学思想和教学方法，这也是我国英语听力教学效果迟迟得不到提升的一个重要原因。

二、英语口语教学中存在的问题

随着经济、科技、政治等各方面的全球化发展，人们需要用英语进行交际的机会日益增加。口语教学引起了越来越多人的重视，而我国学生的英语口语交际水平与实际需要还相差很远，"哑巴"英语现象普遍存在。造成这一现象的原因在于英语口语教学中存在诸多问题。下面我们从学生、教师和教学条件三个角度来分析英语口语教学中存在的问题。

（一）学生的问题

1. 语音不标准，词汇匮乏

受汉语语言环境的影响，语音基础不好的学生有的发音不准，影响了语义的表达；有的带有地方口音；还有的不能正确使用语调、重音等，直接影响了英语口语语音语调的标准性。另外，由于缺乏练习，学生往往很难将学到的词汇用在口头表达中，从而造成无话可说或不知如何去说的尴尬。

2. 心理压力大，缺乏自信

受应试教育的影响，初、高中的英语教学都将重点放在了阅读和写作的训练上，而忽视了英语口语教学。这就使得学生即使日后意识到了口语的重要性，也总是心虚、不自信。虽然有些学生的口语能力并不像他们想象的那么差，但是他们仍然不愿意开口说英语。即使有一小部分学生愿意做口头交流，也总是带有紧张不安的情绪，担心自己说错、被批评、被耻笑，更不要说那些发音不好的学生了。这些负面的情绪和压力对学生口语能力的提高显然十分不利。

（二）教师的问题

1. 教学方法滞后

我国的英语口语教学是作为英语整体教学的一部分而出现的，并未被独立出来进行专门教授，因此英语整体教学中存在的问题也直接体现在口语教学中，其中教学方法滞后就是一个重要的问题。在口语教学中，教师习惯性地采用传统的"讲解—练习—运用"的教学模式。这看似体现了教学规律，实际上却制约了学生"说"的积极性。在此教学模式下，学生只能被动地接受教师所讲授的词汇和语法知识，在没有语境的情况下做大量机械的替换、造句等练习，根本无法有效地锻炼口头表达能力。

2. 汉语授课

提高英语口语能力的一个重要方法就是多听、多说。然而，很多教师考虑到学生的英语水平参差不齐，为了使所有学生都能跟得上教学进度，不得不放弃英语授课，这无疑恶化了英语使用的环境，减少了学生用英语进行交际的机会。另外，为了追赶教学进度，应付大学英语四级、六级考试，教师也多用汉语讲授知识点。

（三）教学条件的问题

1. 课时不足

口语教学的一个显著而直接的问题就是教学时间得不到保证。口语能力的提高需要学生花费大量的时间，进行大量的实践，而我国的口语教学被纳入英语整体教学之中，教学多重形式、轻运用，因此口语教学未能得到时间上的保证。

以高校使用的英语教材《新编实用英语综合教程》为例，该教材主要包括五项内容：听、说、读、写、译。每个班级按 45 人计算，加上学生参差不齐的英语水平，那么即使分配给口语课 2 个小时，也显然不足以有太大的"作为"。可以说，教学时间的不足是英语口语教学的硬伤，直接导致了学生的口语能力低下。

2. 缺乏配套教材

调查显示，我国高校非英语专业的英语教材大多按精读、泛读、快速阅读、听力等单项技能分册发行，而专门的口语教材却十分少见。大多数教材都将口语训练当作听力训练的延展而附在听力训练之后，口语训练内容多简短、缺乏系统性。这是很难达到英语口语教学在整个英语教学中的比重标准的，同时也会使学生误以为口语不那么重要，因而从思想上轻视口语学习。市场上为数不多的口语教材多难以担当重任。因为，这些教材要么是专门针对某一专业、某一领域的，难度极大；要么是有关简单的问候、介绍、谈论天气日常用语的，过于简单，无法满足社会各领域对相应口语能力的要求。由此可见，配套教材的欠缺是制约口语教学效果的一个重要因素。

3. 口语评估制度欠缺

评估可以检验教学质量，是教学中不可或缺的重要环节。我国最常使用、影响最大的评估方式就是考试。例如，小学、初中、高中都有相应的期中、期末考试，大学有英语四级、六级考试。然而，这些考试多是对学生听力、阅读、写作、翻译技能的检测，无法考查学生口语学习的质量。专门用于检验口语水平的测试少之又少。造成这一现状的原因在于，口语考试的实施与操作都有一定的难度，如口语测试材料难易程度、考试形式的信度与效度问题等。对此，大学英语四级、六级考试委员会在全国部分省市实施了大学英语口语考试，并规定了统一的等级评审标准。显然，要想切实提高教师和学生对口语的重视程度，提高口语教和学的质量，仅仅增加大学四级、六级口试是远远不够的，但大学四级、六级口试制度的出台对于完善英语口语评估制度无疑提供了良好的示范作用。在此指引下，我国将来势必会推出更多、更科学的口语评估方式。

第四节　英语读、写、译教学中存在的问题

一、英语阅读教学中的问题

阅读教学看似简单，实际上存在很多问题，主要包括教学观念错误、教学方法滞后、教材设计不科学、课程设置不合理。下面我们就对这几个问题分别加以说明。

(一)教学观念错误

培养学生快速从语篇当中正确获取所需信息的能力是英语阅读教学的目的,而在实际的英语阅读教学中,这一目的已被很多教师曲解了。这些教师经常将阅读教学混同于词汇教学、语法教学。在阅读教学中,这些教师常常过分重视语言知识的传授,抓住一个单词或语法点大讲特讲,阅读教学呈现出"讲解生词—逐句逐段分析—对答案"的错误形式,而忽视了学生对语篇的理解、从语篇中获取信息能力的培养。造成这一问题的根本原因就在于教师对阅读教学的观念错误,对阅读教学的目标认识不清,因而导致了阅读教学成为语法、词汇教学,导致学生阅读速度慢、质量差的情况并未得到改善。对此,英语阅读教学必须更正教学观念,将阅读作为一种实用的语言技能进行教授,不仅要传授学生语言知识,更重要的是传授学生语篇和文化知识,同时还要注意提高学生的思考能力、分析能力、判断能力,拓展学生的视野,激发学生对英语阅读、英语语言和英语文化的兴趣,增强学生的英语综合运用能力和人文素养。

(二)教学方法落后

英语整体教学方法的单一、滞后在阅读教学中也有所体现:教师常常让学生自己阅读完后做题目,然后领着学生对答案,再对错题进行讲解。这种教学方法的应试性比较强,但往往十分死板,学生的阅读习惯、阅读技巧等均得不到培养,主体地位得不到突出,主观能动性未得到很好的发挥,阅读的实际需求也得不到满足,学习兴趣更得不到培养,最终使阅读教学收效甚微。尤其是在一些教学条件落后的偏远地区,英语教师对阅读教学的重视不够、研究不足、实践不多,以致难以形成科学、高效的教学方法,大大影响了阅读教学的质量。

(三)教材设计不科学

不同阶段的英语阅读教学会使用不同的教材,这些教材本身大多已经十分成熟,但不同阶段的教材之间却缺乏必要的连贯性,这也是英语阅读教材存在的最主要问题。具体来说,小学阅读教材注重词汇,中学阅读教材注重语法,大学阅读教材则注重阅读技能的训练。虽然这三个时期的教材各有侧重和针对,符合学生认知和阅读学习的规律,但由于每个阶段结尾与下一阶段的开始缺少必要的承接和过渡,学生一下子很难跟上进度,从而造成阅读教与学的脱节。

(四)课程设置不合理

阅读课程设置不合理也是影响阅读教学质量的一个重要问题。很多学校、教师错误地认为阅读教学是英语教学的附属品,导致阅读课程教学目标、教学计划不明确,阅读教学的课时、课程设计、师资力量以及教学组织都得不到保证,直接影响了阅读教学的效果。

二、英语写作教学中存在的问题

写作教学一直以来都是英语教学的重点，相较于其他英语技能而言，发展得更为充分。但其中也存在不少问题，如教学缺乏系统性、形式重于过程和内容、教与学相互颠倒、重模仿轻创作、课程设置不合理、缺乏相关教材、批改方法不恰当。下面我们就对这些问题分别进行说明。

（一）系统性不足

写作教学的系统性不足主要表现在三个方面：教学目标不系统、教学方法不系统、写作指导思想不系统。

1. 教学目标不系统

任何一种技能的学习都不是一蹴而就的，其教学也不可能取得立竿见影的效果。英语写作技能的培养也需要一个循序渐进的系统过程。这种循序渐进首先就体现在教学目标的系统性上，这是实现英语写作目标的基本保证。

英语写作目标缺乏系统性是因为总体目标（针对学生的生理、心理特征，结合写作教学的自身规律，并在英语课程要求中明确规定的总体任务）与阶段目标（根据总体目标制定的一系列的阶段性目标）之间互不协调，总体目标与阶段目标之间连贯和衔接的科学性严重缺失。这一现状可能由显性目标与隐性目标系统不平衡导致的，也可能是由教师对写作的目标体系与学生实际写作之间关系的模糊认识所造成的。无论是什么原因，这种写作总体目标与阶段目标的不协调显然会影响目标的实现。因此，高校、教师都必须克服这些不利因素，把握好英语写作教学的总体目标和阶段目标。

英语写作教学目标之所以难以实现，一个主要的原因就是教师对英语写作教学目标与学生实际之间关系的认识不清。事实上，目标是教师和学生对学习结果的期待，是一个未实现的状态，因此教学目标与学生的实际之间必然存在一定的差距，适当的差距对学生写作能力的提高是有利的，过大或过小的差距都不利于学生写作能力的提高。基于这一点，英语写作教学可被视为帮助学生向目标逼近的过程。教师和学生可以借助目标与实际之间的距离，设定一些教学或学习步骤，并熟悉实现每一环节目标的条件、困难和可能性。否则，教师一旦对写作教学的目标与学生实际之间的关系和意义认识不清，就会导致行动和反应上的迟缓，直接影响写作教与学的质量。

2. 教学方法不系统

英语写作教学系统性不足还体现在教学方法上。所谓方法，就是一种对活动程序或准则的规定性，是一种能够指导人们按照一定的程式、规则展开行动的活动模式。系统性是英语写作教学方法的内在规定，是有效运用教学方法的重要基础。离开了系统，教学方法也就失去了意义和价值。这是因为，教学方法实际上是整个教学系统的一个子系统。它与教学目的、教学内容以及师生间的互动均联系密切。没有明确的教学目的，写作教学就会迷失方向；脱离了教学内容，教学方法就毫无意义；缺少了师生之间的互动性和双边性，教学方法也就没有了价值。因此，不同的教学目的、内容、师生关系应该对应不同的写作教学方法和运作。在不同的内外条件下，写作教学方法的系统运作会呈现不同的水平和层次。因此，英语写作教学方法必须根据教学系统的各项组成部分来实施，否则就会造成种种矛盾和冲突，影响写作教学的效率。而对照我国英语写作教学中所使用的教学方法可以看出，这些方法大多是无效的、失败的，因为它们大多不系统、不连贯，缺乏针对性。

3. 写作指导不系统

写作指导思想是否系统对写作教学质量的影响极大。写作技能和写作能力虽然需要通过大量的练习来获得，但多练不等于泛练。如果写作练习缺乏目的性，那么即使花费很多时间也是无用的。另外，从遣词造句到段落和篇章的生成，从撰写记叙文到写议论文，从构思、行文到修改，整个写作是一个由浅入深的系统操作过程。因此，教师对学生的指导也应具有系统性。然而，我国的英语写作教学大多缺乏这样一种系统性。教师教的时候以及学生写的时候都没有一个明确的目标，更没有一个长远的规划，教师只是跟着教材随机地教授写作方面的知识和技能，这就大大地降低了写作教学效果。

（二）重形式、轻过程和内容

长期以来，我国英语写作教学存在重形式、轻过程和内容的问题，导致这一问题产生的原因如下：

1. 欠缺英语思维

在英语写作教学中，教师往往强调学生要用英语思维来写作，避免使用中式英语。然而，学生要做到这一点很难。毕竟对于中国学生来说，英语是一种外语，汉语才是母语。学生的汉语思维模式已经根深蒂固，要想使英语思维成为习惯是极为不易的。

另外，很多人认为，英语写作侧重语言形式的作用是必然的。所以，在英语写作教学中，教师往往重视文句的规范性与文章结构，忽视文章的内容和思想的现象仍然大量存在。部分教师也将文章结构和语言形式看作写作教学的主要内容。而初学写作的学生更是将学会把握文章结构和形式视为写作学习的终极目标。这些最终都使写作的教与学流于形式，很难触及写作的核心。

2. 受历史传统影响

在早期的英语写作中，为了快速写出一篇符合要求的英语文章，人们常常模仿类似文章的语言形式和文章结构来写作。久而久之，教师和学生都将形式作为英语写作教学的重点，而忽视了写作的过程和内容，写作变成了一种模仿，而非创造。

事实上，内容和过程对于写作来说都是很重要的。一篇好的文章应该具有丰富、深刻的内容，而这些内容仅仅依靠对形式的模仿是无法实现的。语言的形式和文章的结构仅是作者表达思想和情感的一种手段。学生能够把握文章的结构和格式固然重要，但如果过分强调它们的作用显然并非好事。因为，文章的思想和观点是写作和写作教学的根源，而文章结构和语言形式则是写作和写作教学的支流，根源得不到保证，支流显然就失去了存在的基础。因此，英语写作教学必须处理好源与流、本与末、主与次的关系，教师在注重写作形式教学的同时还要重视写作内容的教学以及学生写作能力的培养。

（三）教与学相互颠倒

写作教学并非一种知识性课程，学生的写作技能无法依靠教师的讲解来获得，原因如下：

（1）写作是一种实践性活动，涉及写作的技巧和能力。因此，写作教学应该以学生的实践和操练为主，以教师的知识传授为辅。

（2）写作教学的目的在于提高学生的写作能力，因此写作应该是一种学生个体的活动，从构思、写作到文章修改，都应该使学生参与其中，教师过多的讲解只会延误学生的写作时间，进而影响学生写作的积极性和主动性。

然而，我国英语写作教学一直存在教与学相互颠倒的现象，主要体现在以下两个方面：

（1）写作教学仍存在教师大量讲解理论知识的问题，使学生，尤其是初学写作的学生，很容易觉得写作枯燥、无用，产生厌倦、畏难等情绪，因而丧失写作的兴趣，最终影响英语写作教学目标的实现。

（2）教师常以自己的写作经验为基础来指导学生写作，常使用一些不恰当的话语指令或规则指导学生，剥夺了学生的话语权，限制了学生的独立思考，简化了学生写作过程的心理体验，遏制了学生写作的创造性，使学生产生盲从的心理。这显然颠倒了写作教学中的师生地位，也很容易使学生在写作过程中在构思、行文和情感体验上出现雷同现象，写作创造能力得不到真正的提高。

（四）重模仿、轻创作

重模仿、轻创作是我国英语写作教学的一大弊病。尽管模仿是写作教学的起始状态，也是学生学习写作的必经阶段，更对我国学生（尤其是初学英语写作的学生）学习写作起到了促进作用，但模仿并非写作的最终状态。模仿虽然能够提高学生写作学习的效率，但过度的模仿并不利于学生写作能力的持续发展。因为，写作不仅是一种个体的心智行为，更是一种创造的过程。从构思、行文到修改，写作过程始终体现着作者的个性特点与独立思考能力。写作过程中的意义和价值都是由学生创造而来的，一味地模仿必然会抑制学生的写作积极性与主动性，进而影响学生的写作动机和兴趣。

（五）课程设置不合理

除英语专业以外，我国部分的英语写作教学是被纳入英语整体教学之中的，并未被独立出来进行专门教授。这就很容易导致教师因为课时有限而无法花费太多的时间来组织学生写作。久而久之，学生也会误以为写作学习是不重要的。如此一来，不仅写作教学本身得不到时间上的保障，学生也会产生轻视写作的思想。

（六）缺乏相关的教材

目前，我国的英语教材大多是集语音、词汇、语法、听、说、读、写、译于一体的综合性教材，关于"写"的专门教材相对较少。即使在英语整体教学中，虽然几乎每个单元都会涉及写作练习，但并未形成一个科学的系统，同时也缺乏一定的指导，学生的写作练习也多处于被动状态，这对于学生的写作学习而言是极为不利的。

（七）批改方法缺乏有效性

作文批改的方式方法也是英语写作教学中存在的一个显著问题。很多教师在批改作文时，重点仍然放在纠正拼写、词汇和语法等方面，忽略了学生在写作过程中思维能力的培养，这会使学生过分追求写作时的语言正误，而忽视对文章结构、逻辑层次的把握。

另外，教师对学生作文的批语同样重要。有的教师一味地指责学生写作中的错误，缺少鼓励，这会制约学生写作的主动性，导致他们消极应付、望而生畏，对自己写作中出现的错误不能很好地改正。

（八）教学改革滞后

随着英语教学改革的不断深入，教师对写作教学也有了一定的认识。尽管如此，英语写作教学方面的改革仍然相对滞后。学生英语思维能力的多方位、多角度、发散性、创造性、广阔性和深刻性仍然没有得到足够的重视和训练。除此之外，作为英语教学的一部分，写作应和阅读、口语、听力、翻译等方面的教学有机地联系起来；而在实际的英语教学过程中，教师并未真正把写作教学与其他方面的教学融合在一起，而是孤立地教授写作，不利于学生对英语学习的全面认识，也不利于学生对写作学习的深入了解。

三、英语翻译教学中存在的问题

除听、说、读、写以外,翻译也是英语教学必不可少的一个重要组成部分。但在英语翻译教学中存在着很多问题,既有教师的问题,也有学生的问题。教师的问题主要包括:教学形式单一,对翻译教学重视程度不够;学生的问题主要包括:翻译时"的不休",语序处理不当,不善增减词,不善处理长句。下面我们就对这些问题分别进行说明。

(一)教师的问题

1. 教学方法落后

教学方法是英语翻译教学的一个软肋。在实际的英语翻译教学中,教师常采用"布置翻译任务—批改作业—讲评练习"的方法开展教学。由此流程可以看出,后面两个步骤都是由教师完成的,学生真正参与的只有第一个步骤。这就使学生处于翻译学习的被动地位,在整个学习过程中不是在发挥主观能动性积极思考和探索,而是被教师牵着鼻子走,这显然会使翻译教学的效果事倍功半。

2. 重视程度不够

对翻译教学的重视程度不够主要体现为以下几个方面:

(1)在翻译教学中,教师往往不注重翻译基本理论、翻译技巧的传授,而仅仅是将翻译作为理解和巩固语言知识的手段,将翻译课上成另一种形式的语法课、词汇课。

(2)学生做完翻译练习后,教师大多只是对对答案,对翻译材料中出现的关键词和句型等进行简单的强调,而缺乏对学生进行系统的翻译训练。

(3)就时间而言,教师花在翻译教学上的时间很少,通常是有时间就讲,没有时间就不讲,或只当家庭作业布置下去,由学生自己学习。

(4)英语教学大纲对翻译能力培养的要求不具体。

(5)英语考试虽然包含翻译试题,但其所占的比重远远不如阅读、写作等。

以上这些问题最终致使翻译教学质量迟迟得不到提高。

(二)学生的问题

1. "的不休"

在实际的翻译操作中,学生每每看到英语形容词就会自然而然地将其翻译成汉语的形容词形式,即"……的",导致译文"的不休",读起来很别扭。例如:

The decision to attack was not taken lightly.

原译:进攻的决定不是轻易做出的。

改译:进攻的决定经过了深思熟虑。

It serves little purpose to have continued public discussion of this issue.

原译：继续公开讨论这个问题是不会有什么益处的。

改译：继续公开讨论这个问题没有益处。

2. 语序处理不当

英语句子通常开门见山地表达主题，然后再逐渐补充细节或解释说明。有时要表达的逻辑较为复杂，则会借助形态变化或丰富的连接词等手段，根据句子的意思灵活安排语序。相比较之下，汉语的逻辑性较强，语序通常按一定的逻辑顺序（如由原因到结果、由事实到结论等）逐层叙述。这种差异意味着将英语句子翻译成汉语时必须对语序做出适当的调整。而很多学生都意识不到这一点，译文也大多存在语序处理不当的问题，读起来十分别扭。例如：

The doctor is not available because he is handling an emergency.

原译：医生现在没空，因为他在处理急诊。

改译：医生在处理急诊，现在没空。

3. 不善增减词

由于语言、文化等方面的差异，翻译英语时不可能也没必要完全拘泥于英语形式，即逐字逐句地翻译原文。事实上，根据原文含义、翻译目的，译文可适当增减词。而很多学生并不明白这一点，因而其译文大多烦冗。例如：

Most of the people who appear most often and most gloriously in the history books are great conquerors and generals and soldiers.

原译：在历史书中最常出现和最为显赫的人大多是那些伟大的征服者和将军及军人。

改译：历史书上最常出现、最为显赫者，大多是伟大的征服者、将军和军人。

4. 不擅处理长句

英语中不乏长且复杂的句子，这些句子大多通过各种连接手段衔接起来，表达了一个完整、连贯、明确、逻辑严密的意思。很多学生在遇到这样的句子时把握不好其中的逻辑关系，也不知如何处理句中的前置词、短语、定语从句等，因而译出的汉语句子多不符合汉语表达习惯。例如：

Since hearing her predicament, I've always arranged to meet people where they or I can be reached in case of delay.

原译：听了她的尴尬经历之后，我就总是安排能够联系上的地方与人会见，以防耽搁的发生。

改译：听她说了那次尴尬的经历之后，每每与人约见，我总要安排在彼此能够联系得上的地方，以免误约。

第二章 应用型人才导向下大学英语教学模式

第一节 大学英语自主合作探究教学模式

为了提高学生学习的主动性与自觉性，以教为中心到以学为中心的教学理念悄然出现。自20世纪90年代以来，"以学生为中心"的教育理念在我国部分高校开始流行，大学外语教学受到影响。《大学英语教学指南》（2008年版）指出大学英语教学可采用任务式、合作式、探究式等教学方法，使教学活动实现由"教"向"学"的转变，形成以教师引导和启发、学生积极主动参与为主要特征的教学常态。大学英语教学改革的目标之一是培养大学生的自主学习英语能力、与同伴有效合作学习英语能力及根据任务探究问题的学习能力，由此自主合作探究教学模式应运而生。早在20世纪七八十年代，西方国家就把自主合作探究教学模式作为有效教学的一部分被专家和学者分而论之。在国内，自2001年《基础教育课程改革纲要（试行）》实施，陆续有学者关注自主合作探究教学模式。庞维国认为，将自主、合作、探究式三种学习方式搭配互补，可以充分发挥优势，促进学生的全面发展。

一、大学英语自主合作探究教学模式实证研究

笔者就自主合作探究模式在大学英语教学中的应用进行了为期一学期的实践教学，并通过问卷调查与访谈形式调查自主合作探究教学模式对大学英语教学的影响。实验班和对照班是专业一样、英语水平相当的两个教学班，两个班每周均有两次英语课，共12周，共计48学时。在教学过程中，实验班采用自主合作探究教学模式；对照班采取传统英语教学模式，即主要由老师讲授，学生听讲并做笔记。

笔者采用相同的调查问卷对被试者进行前测与后测，前测调查被试者（对照班和实验班）运用自主、合作、探究式模式的现状，后测检测实验教学后被试者（实验班）对自主、合作、探究式教学模式运用是否发生变化。收集实验班与对照班实践教学前后的英语成绩，前测的测试成绩是被试者在参与实验教学前一个学期的英语期末考试成绩，

后测的测试成绩是经过一个学期实验教学后的英语期末考试成绩。在实施自主、合作、探究式教学模式后，对实验班的部分学生进行采访，主要了解他们对于自主、合作、探究式教学模式的感受，以及能否接受这种教学模式。共采访9位学生，其中3名英语水平优秀者、3名英语水平中等生和3名英语水平较低的学生。

问卷调查数据研究结果表明，在自主合作探究教学模式下，实验班学生的自主、合作、探究英语学习能力均得到一定程度的提高，对照班变化不大。实验班大部分学生能根据教师布置的任务和资料自主学习，并充分运用教师提供的材料。更多的学生喜欢参与合作学习，因为学生主动、有效地参与合作学习，上课气氛活跃不少，学生学到的内容和知识更丰富，认为比在传统课堂上收获更大。实验班学生大都愿意用探究方式探索问题的答案，在任课教师的指导下，学生能够多渠道、多样化地探索答案，进一步增强了学生英语学习的动机和主动思考探索问题的能力。通过对对照班和实验班实验后英语成绩进行独立样本检验，结果表明，经过一学期的实验教学，实验班学生自主合作探究学习能力均得到提高，学习英语的主动性也有所提高。在这种新的教学模式下，学生会更注重学习方法和学习效率，且对英语学习有更浓厚的兴趣和更强的学习动机，提高英语学习的积极性和英语成绩[①]。

当然也存在一些问题，如在对学生访谈中发现：英语水平相对差的学生反映很难有效地进行自主学习，有时教师提供的资料过多以至于自己不知道如何选择，耗时太长。在课堂合作活动中，有些学生只是被动接受任务，有些学生甚至在其他同学合作探究时利用一切机会闲聊，并没有完成合作任务。在探究学习中，部分学生提到不想自己动脑，不会独立思考，认为探究不出有价值的知识，只会照抄照搬课本，探究对他们来说意义不大。

二、影响大学英语自主合作探究教学模式实施的因素

研究表明，自主合作探究模式能够有效地促进英语教学，但在自主合作探究型课堂教学模式实施过程中仍存在一些问题。笔者从环境、教师与学生三方面探析了影响自主合作探究教学模式有效实施的因素。

（一）环境因素

影响外语学习的环境因素包括物理环境、社会环境与课堂环境等。物理环境是指与教学相关的物质条件。随着信息技术的高速发展及其在教育领域的推进，多媒体教学、数字化教学、"互联网+"教学等为英语教学带来了极大的便利，大数据为英语教学提供

---

① 杜振华.英语资源服务器及网络语音室的安全管理与实践[J].中国科教创新导刊，2008，（1）.

了丰富多彩的音频、视频等资源，创设了语言情境。但是，要从众多网络资源中挑选最合适、最优质的资源给学生自主学习是一大挑战。同时，互联网资源丰富，但高质量的资源并不多见。有些资源内容与主题不同，却采用了相同的教学设计，缺乏灵活性，难以因材施教。社会环境是指与他人之间的关系，英语学习的社会环境包括整个社会环境对英语学习的重视与支持、父母的支持、同伴的支持及教师的支持。虽然英语学习在我国受重视的程度不断提高，英语广播、英语互联网资源、英语电视节目不断增加，但是学生一走出英语课堂，日常交流基本用中文，很少用英语交流，缺乏英语学习与交流的生态情境。英语课堂能为学生营造良好的英语学习环境，但部分学生只是为了应付四六级考试、课程期末考试等，在课堂上只是被动地听听课、做做题，很难真正参与自主合作探究教学。

（二）教师因素

在大学英语自主合作探究教学模式实施中，教师作为组织者和实施者影响着教学模式的有效实施。教师应在课前给学生相关资料与问题，引导学生自主学习；在课堂上通过合作学习模式，培养学生的英语探究学习能力。问题是自主合作探究的核心，怎样设计问题和设计什么问题对自主合作探究教学模式的有效实施至关重要，教师往往未能正确把握问题的预设，导致自主合作探究教学模式的教学效果大打折扣。在课堂的合作与探究环节，虽然教师确实开展了合作与探究，但有时担心教学任务无法完成，导致留给学生合作与探究的时间非常有限，有些小组成员还未表达自己的观点就被叫停了，学生的英语口语未能得到很好的训练。教师在对学生合作与探究学习进行点评与评价时，有时因为自身知识储备不充足或未能驾驭好课堂，对学生的任务完成情况和效果只能避重就轻，未能做出合理、科学的评价。

（三）学生因素

作为参与者和主体，学生在大学英语自主合作探究教学模式实施过程中起着举足轻重的作用，但在自主、合作、探究等环节未能按要求完成任务，导致自主合作探究教学模式未能达到预期的效果。自主学习是有效合作与探究的前提与基础，但学生尤其是自觉性较差的学生未能完成预习任务，未能达到合作与探究的预期效果。在课堂合作学习过程中，部分学生未能实际参与合作与探究，更有甚者抓住一切机会闲聊，合作学习的本意是促进优等生与后进生之间互帮互助，实现双赢，实际课堂合作与探究活动效果却不尽如人意，合作与探究的意义与价值难以实现。

语言学习动机、学习信念、自我学习效能感等认知因素会影响学生对于英语学习方式的选择与效果。班杜拉（Bandura）指出环境因素会通过影响个体认知系统，从而对个体行为产生影响，因此外语学习的环境会通过学习者的认知系统影响外语学习方式的选择和效果。例如，学习动机强的学生有明确的外语学习目标，在外语学习中会尽一切努力实现目标，对于新型教学模式也能很好地适应和参与。与此相反，对于外语学习动机弱的学生，不管教师运用什么样的教学模式，学生参与的积极性都很难提高，顺利完成教师布置的任务就更无从谈起。

三、大学英语自主合作探究教学模式的应对策略

（一）教师角度

首先，为了保证大学英语自主合作探究教学模式的有效实施，教师要做好充分的课前准备。古人云："凡事预则立，不预则废。"大量实践教学表明，教师唯有充分的课前准备才能达到预定的教学效果。其次，教师要充分发挥自己在自主合作探究教学模式过程当中的主导作用。自主合作探究教学模式不是"放羊式"的学习模式，反而对教师的能力提出了更高层次的要求。教师要吃透文本，明确教学目标，掌握学情，对课堂的掌控要驾轻就熟。教师要清楚地了解学生思考、探索问题时可能遇到的困惑与问题，这就要求教师在课堂教学和课堂管理过程中准确把握学情。教师还需要不断提高业务水平，掌握足够的知识储备量，只有这样才能实现有效的引导。再次，教师要建立科学合理的外语教学评价机制。大学英语自主合作探究教学模式的评价方式可以结合形成性评价与终结性评价，既不能忽视学生学习的过程和发展，又要关注学生掌握知识和技能的提升程度；不仅通过学生的最终成绩评定学生的学习情况，还要考虑学生平时参与自主合作探究模式的积极性与效果，使学生的自主学习、合作、探究能力得到真正的提高。最后，教师要做好教学反思，提高修养。教学是一项需要理论与实践相结合的任务，在一种新型教学模式的实施过程中，教师只有在遇到困难时不断反思与实践，才能获知该模式是否适合教学改革与时代要求，才能实现自我价值。此外，教师还要提高自身修养。"身为世范，为人师表"，教师的一言一行都会影响学生对教师的评价，影响学生对教师所教课程的学习态度与课堂参与的积极性。

（二）学生角度

首先，学生应重视培养自主学习能力。只有按照教师的要求自主学习材料，学生才有信心与能力积极参与并完成课堂合作与探究任务，合作与探究学习才能落到实处。其次，学生应主动参与课堂合作活动，积极探究问题。大学英语教学改革提出学生是课堂的主体，由此学生应积极、主动地参与课堂合作活动，完成教师给定的任务，避免出现"搭顺风车"现象。当然，在训练口语运用能力的同时，学生也要善于倾听，倾听组员与教

师的表达与想法。只有实实在在地参与合作学习，学生才能体会到合作的乐趣与探究问题的成就感，提高合作、探究、沟通能力。最后，学生应提高外语学习动机、学习信念、自我学习效能感等个体认知因素，合理选择、优化适合的外语学习策略，从被动学习英语逐渐变成主动愿意学习英语。

自主合作探究教学模式能有效地促进大学英语教学，激发学生学习英语的动机和兴趣，但在具体实施过程中存在一定的问题。在自主合作探究教学模式下，有些学生表面上积极展开讨论、合作与探究，但在学生的讨论掩护下却抓住一切机会闲聊，违反纪律。构建有效的自主合作探究教学模式绝非一朝一夕所能达到的，只有社会、教师和学生不断努力和相互配合，寻找科学合理的应对策略，才能有效地培养学生的自主、合作、探究等外语学习能力。

第二节　成果导向教育视域下大学英语教学模式

随着经济全球化和信息化时代的到来，世界各国的交往日益密切，英语作为全社会的通用语，在国际交流中发挥着重要作用，使得越来越多的人开始注重英语的学习。当前社会正处于信息快速更新的时代，为了适应时代要求，我们必须不断创新，英语教育也不例外。成果导向教育是工程教育专业认证的三大基本理念之一，以"人人都能学会"为前提，以学生为中心，以成果为导向而设计教学。运用该教学理念模式指导我国大学英语教学改革有着积极的意义。

一、大学英语教学模式现状

目前，我国大学英语教学模式的一大特点是"教大于学"，教师主导英语课堂，学生被动地学习知识。这种教学模式并没有考虑学生的实际需求，忽视了学生的主体地位。我国当前大学英语教学主要有以下特点：（1）以学习语言知识为主。在大学英语教学中，教师在语言表达形式的讲解与练习上投入大量时间，而对学生的口语表达能力却有所忽视。在这种教学模式下，虽然学生形成了较为扎实的语言基础，但是无法将这些知识应用于实际的口语表达和书面写作，有的学生甚至无法用英语进行简单的对话交流。（2）忽视学生的主体作用。长期以来，大学英语教学主要是：教师认真备课、讲课，课后对学生的英语作业进行批改；学生在课堂上被动地接受英语语言知识，课后完成教师要求的作业。课堂教学由教师主导，而作为学习主体的学生却没有得到应有的重视，这导致了"哑巴英语"这一现象的普遍存在。(3)教师统一教学。在应试教育背景下,教师在课堂上进行单向的、统一的知识灌输。教师引导学生朗读英语词汇,分析文章结构,并对其中的语法知识进行讲解,课后布置作业。这种基于行为主义的教学模式使教师无法动态监测学生的学习过程,对学生英语知识的实际掌握情况并不了解,容易忽视学生的个体差异,造成学生英语成绩以及英语水平参差不齐的现象[①]。(4)以成绩作为评价标准。传统的大学英语教学主要以学生的期末考试成绩和平时考核成绩为标准来评价教师的教学质量和学生个体。学生英语成绩这种单一的评价标准没有充分考虑学生个体的实际差异,也无法准确评估学生的实际运用能力,不利于培养学生学习英语的自信心和热情。成果导向教学模式强调预估学生的学习成果、目标达成方式和个性化的评价,在一定程度上可以弥补传统大学英语教学的不足。

二、成果导向教育教学

成果导向教育关注四个问题:(1)学生在教学过程结束后应达成哪些学习目标?(2)学生为什么要达成这些学习目标?(3)如何有效地帮助学生达成这些学习目标?(4)如何判断学生是否达成了这些学习目标?它"清晰地聚焦在组织教育系统,使之围绕确保学生获得在未来生活中取得实质性成功的经验",这就从本质上将其与传统的应试教育区别开来。

基于成果导向教育理念的教学,教学课程与教学活动要以学生在毕业时应达成的预期产出能力指标为导向来进行设计,以此确保学生毕业后获得"未来走向成功的经验"。因此,教学设计和教学实施所达成的目标是学生在学习过程结束后所取得的学习成果。这就要求教师在开展教学活动时要以学生为中心,从学生应取得的成果出发,明确学生要学到的是什么;教师要设计真实有效、学生可达成的评估任务,同时确保所做出的评价能帮助学生发现其不足之处。在成果导向教学模式下,课堂教学不再由教师主导,而是一种师生共同参与、相互交流的教学活动。学生在接受知识的同时,通过与教师的对话交流主动构建知识体系。同样,教师在教授知识时也能通过课堂实践不断学习新的教学技巧,提高教学技能;师生之间既相互依赖,又相互促进。这就要求教学紧紧围绕成果的导向,打破传统教学模式中学生一味被动地接受知识的现状,在师生之间形成一个双元的平衡体系。

成果导向教学模式在传统的"教师主导""知识体系导向"范式教学基础上进行突破,强调"以学生为中心""重视学生的主体地位",实现教学由"以内容为本"向"以学生

---

① 李建萍.分级教学背景下大学生英语词汇学习策略的调查和分析[J].黄山学院学报,2009(8):99.

为本"的根本转变。近些年，国内外众多专家、学者尝试用成果导向教育理念指导教学模式和课堂教学改革，但在具体的英语学科教育方面研究较少。

三、成果导向教育理念下大学英语教学模式构想

《国家中长期教育改革和发展规划纲要（2010—2020年）》明确指出，高等教育应该培养"具有国际视野、通晓国际规则、能够参与国际事务和国际竞争的国际化人才"。而我国当前的大学英语教学以学生通过大学英语四级、六级考试为目标，这种基于英语语言基础知识的教学致使很多学生并未具有英语的实际运用能力，偏离了国家高等教育的人才培养目标。基于此，拟构建以成果导向教育理念为指导，以培养学生英语综合能力为目标，关注学生的主体地位，实施动态教学和以能力评估为主体的大学英语教学模式。

（一）教学模式分析

1. 注重培养综合能力

与传统的大学英语教学模式不同，成果导向教学模式以学生毕业时应取得的学习成果——英语综合能力为目标，关注学生的英语语言知识、英语综合技能和跨文化交际能力。在成果导向教学模式下，教师从学生的英语表达形式和功能两方面设计教学，引导学生主动学习英语语言知识；在教学过程中搭建相关的主题情境，锻炼学生的听、说、读、写、译五项技能，全面提升学生的英语综合能力。

2. 重视学生的主体地位

从学生的预期英语学习成果以及学生未来的职业需求出发逆向设计教学，明确学生应学习哪些英语知识与能力、如何实践这些英语知识与能力。从学生的内部和外部需求出发，积极创设学生参与式的英语课堂，根据学生参与英语学习活动程度适时调整学习内容，使学生在学习英语知识的同时进行实践练习。学生应融入课堂教学并积极主动构建英语知识，加强学生的主体地位。

3. 实现动态灵活教学

相对于传统英语教学模式下教师对学生的单向知识输出、全班统一教学的情况，成果导向教学模式更加灵活、更加动态化。教师基于学生的"最近发展区"来安排英语教学内容，学生可以根据实际情况选择符合自己英语水平和能力的教学内容。同时，教师在日常口语交际情境及课后任务的完成情况中对学生的英语学习情况进行动态监控，对学生的薄弱环节给予及时反馈并强化练习。

4. 以能力作为评估主体

成果导向教育教学模式的目的在于：确保所有的学生在离开英语教育时拥有今后走

向"成功"所需要的知识和能力，但并不要求他们在同一时间、用相同的方式达成。因此，学生的英语成绩、能否通过大学英语等级考试将不再作为教学评价的标准和教学的主要目标。教师要在单元教学、阶段教学、学期教学结束后，根据学生的预期学习目标设计相应的测试，应用形成性评价和总结性评价相结合的方法来评估学生的实际英语综合能力，并通过及时反馈促进学生英语知识的掌握、英语口语的熟练运用，帮助学生达成预期能力指标。

（二）教学模式实施

成果导向教学模式的实施要从转变教育观念、规划教学环节、优化英语课堂教学和进行个性化评价四个方面着手。

1. 转变教育观念

这涉及教师、学生和教育管理部门三个方面。教师要逐步减少对课堂的掌控，积极引导学生参与英语学习情境，构建师生共同参与式课堂；以学生的英语实际水平和英语综合能力指标为依据制定英语教学目标，反向设计英语教学内容。对于英语学习主体的学生而言，要转变把英语考试成绩、学习英语学科知识作为首要任务的观点，改变一味地接收教师讲授知识的学习方式；要在课堂上积极参与教师组织的交际情境，逐步养成自主学习英语的习惯。同时，学校教育管理部门要支持引导和鼓励运用这一模式。

2. 规划教学模式的各个环节

做好成果导向教学模式规定的各个环节，即定义学习产出、实现学习产出、评估学习产出和使用学习产出。教师在分析学生英语学习需求的基础上预期学习产出，以此制订教学目标，设计灵活多样的英语教学活动。在课堂教学中，教师要充分调动学生的积极性，帮助学生有效地掌握英语知识，鼓励学生在实际生活中运用所学的知识解决实际问题；制订评价标准，评定学生是否在生活情境中运用了课堂上学到的英语知识。

3. 优化大学英语课堂教学

成果导向教学模式下的课堂教学至少要实现从灌输向对话、从封闭向开放、从知识向能力、从重学轻思向学思结合、从重教轻学向教主于学等五个转变。英语教学不再是单向的知识灌输，而要在预期学生最终将取得的"英语学习成果"的基础上，关注学生听、说、读、写、译综合能力的培养与实践。教师要依据英语知识目标和综合能力指标反向设计英语教学，根据课堂反馈结果不断调整教学进程，优化教学方法，最终实现英语教学目标。

4. 开展个性化评价

教师应依据学生毕业时应达成的英语学科要求，制定不同的能力指标；学生应根据自己的实际英语水平，设定不同的阶段性目标；教师通过课堂教学和实践应用检验学生的英语学习成果，依据阶段目标和能力指标的达成度对学生进行评估。因为学生个体间存在差异，所以对于不同能力、不同水平的学生的目标达成情况并不相同，因此教师要结合学生实际实施个性化评价。

（三）教学模式的意义

成果导向教学模式的构想将对我国英语教学的改革与发展、教师技能的提升以及学生综合能力的培养产生积极作用。

1. 提高英语教学质量，优化英语教学结构

在成果导向教学模式下，通过评估学生英语学习成果，管理者可以及时掌握学生的学习情况，根据实际教学情况及时调整阶段性教学目标，进行师资培训，从而优化英语教学结构，提高英语教学质量。

2. 提升英语教师专业能力和教学技能

成果导向教学模式下的大学英语教学以阶段性的英语知识目标和综合能力指标为指引，教师需要根据不同目标选择适合学生需要的教学内容，采取灵活多样的教学方法帮助学生达成目标，不断完善自身英语专业知识体系，并在实践中提高英语教学技能。

3. 促进学生个性化发展，培养英语综合能力

在成果导向教学模式下，每个学生都有明确的英语阶段性目标。为达成目标，学生可以充分利用各种资源，参与不同类型的英语教育活动。教师不再以学生对知识、语法的记忆情况进行评价，而是根据目标达成情况对学生进行考核。这有利于学生的个性化发展，能够提升其英语综合能力。

第三节　应用语言学的大学英语教学模式

应用语言学是当代教育发展中的重要学科内容之一，应用语言学与语言类学科具有紧密性，我国教育者注意到其与英语教学之间的相容性，开始对应用语言学运用英语教学融合开展讨论，并取得了一定的教育成效。由于应用语言学科知识内容较为广泛，因此，当前应用语言学与英语教学融入的研究成果才取得一小部分成功。为了更好地发挥应用语言学在大学英语教学中的作用，做好应用语言学的深入研究工作是必要的。

一、应用语言学的概述

应用语言学是一门综合性较强的学科,不仅具有较多的语言本身的知识与理论,还包括对语言社会因素与使用环境的研究。应用语言学作为语言学习的基础,是学生应该掌握的根本性知识内容,其概述包括:(1)应用语言学是一门探索知识内容的学科,能够形成相对应的研究活动,应用语言学研究成果能够与其他语言类学科相容;(2)应用语言学的特性决定其研究成果应该运用到人类活动领域中;(3)虽然应用语言学知识是语言类学科不能缺少的组成部分,然而,能够对应用语言学起到帮助的学科知识内容,除了语言类学科,还有其他学科;(4)应用语言学的研究目标是解决与语言类学科相关的问题,完善语言类学科的相关活动。

二、应用语言学在大学英语教学中的意义

(一)教学模式的改善

从语言类学科分析,大学英语学习的重点应该是英语口语交际能力,这是根据应用语言学的分析与理解得出的结论。然而,在以往大学英语课堂教学中,教师较为注重英语理论知识的教授,将英语知识内容局限于英语教材中,强调英语单词、语法、句型的理解与记忆,学生的英语口语能力得不到有效的锻炼。长此以往,学生虽然具有较为丰富的理论知识,但羞于开口说英语,在开口说英语环节中总是表现不足。因此,大学英语教学将应用语言学融入教材体系中,能够丰富大学英语教材内容,创新教师的教学模式,使学生更好地学习英语知识,并且应用语言学提倡培养学生的英语口语能力,从而使学生能够全方位发展。大学英语教师可以根据应用语言学融入的教材知识内容,采取多元化教学模式,为学生授课,进而提升学生的英语口语能力[①]。

(二)教学区域的分析

当前,大学英语教学行为仍存在认知误区,这些认知误区能够影响学生学习英语的方向。例如,在大学英语课堂教学中,教师较为注重英语语法知识内容的讲解,很少根据知识内容为学生创设真实的说英语的空间;学生在英语空间中无法自由说英语知识与练习英语知识,从而导致学生英语口语能力低下。此外,一些教师将英语教学的重点集中在学生对英语知识的理解与记忆方面。英语语法知识较为抽象,教师一味地让学生去分析与记忆会使学生焦头烂额。长此以往,一些学生会对英语知识的学习感到厌倦,从而使得学习英语知识的兴趣不高。其实,大学英语科学的教育目的是让学生更好地运用

---

① 汤闻励.非英语专业大学生英语学习"动机缺失"研究分析[J].外语研究,2012(1):70-75.

英语知识内容，使学生能够运用英语知识表述自身的想法，从而培养学生英语口语交际能力。而以往的大学英语教学忽视了这一点，致使学生学习英语的兴趣不高。将应用语言学运用到大学英语课堂教学中，能够改变这一教学现状。教师也应该改变以往单一的授课模式，根据英语知识内容为学生创造真实的口语交际环境，让学生勇敢说英语，激发学生参与活动的积极兴趣，从而提升大学英语课堂教学质量。

三、应用语言学的大学英语教学模式的改革途径

（一）加强教师对应用语言学的认识

课堂教学是学生与教师学习与授课的主要阵地，只有教师教授得好，学生才能学习得好，才能学习到全面、有效的知识内容。故而，教师作为大学英语教学的组织者与引导者，应该对应用语言学具有一定的认识，这样才能够更好地为学生授课，从而提升大学英语课堂教学质量。将应用语言学渗透到大学英语教学中，首先应该对教师授课模式与教育理念进行全方位的优化。一些大学英语教师受到以往教育理念与教学模式的影响，很难适应应用语言学教学模式与教育理念。他们普遍认为英语单词与语法是学生学习英语的基础，同时也是学生学习英语的根本性知识内容。将应用语言学运用到英语知识中，这一教学理论是近些年才推出的，一些教师难免会对其应用不适应。因此，高校应该加强教师培训，向教师宣传应用语言学理论运用到英语教学的优势与好处，提高教师对应用语言学的认识，使教师能够积极、主动地将应用语言学运用到大学英语教学中。高校应通过加强教师对应用语言学的认识，促进教师更好地运用应用语言学，创新以往的教育理念与教学模式，以英语情感教育为导向，使学生能够积极主动地融入课堂教学中，从而提升学生学习英语知识的积极性与主动性。

（二）开展英语输出教学

当前，大学英语在教学方面较为注重学生的阅读能力与听力练习等训练。这些英语教学内容属于学生英语输入层次的教育，大都是学生如何学习英语语言的教育；凸显学生如何运用英语语言、如何运用英语语言交际等英语输出层次的教育却很少，同时英语输出教育也是现代大学英语教育较为欠缺的方面。应用语言学理论不仅强调在教学中提升学生的听力能力与阅读能力，还强调在教学中为学生提供真实的教学情境，激发学生说英语的欲望，使学生能够在与他人的互动、交流中，有效地掌握英语知识内容，进而提升学生的英语口语能力。随着社会经济的发展，社会企业对人才的需要也在不断地提升，要求学生不仅应该具有丰富的英语知识理论，同时还应该是一个复合型人才，听、说、读、写能力样样俱全，能够与他人进行良好的交流与沟通。因此，在大学英语课堂教学

中，教师应该结合社会、企业对人才的需求标准，将应用语言学运用到英语教学中，弥补以往英语教学的短板，以培养学生英语口语能力为导向，为学生开展英语输出教学活动，提升学生英语听、说、读、写能力，从而培养学生的英语素养。例如，大学英语教师可以运用情境教学模式为学生授课，根据英语知识内容，为学生创设一个真实的英语交流空间，鼓励学生积极主动地融入教学情境中，提出相对应的英语问题，让学生在情境教学中扮演不同的角色。教师可以在一旁加以指导与引导，使学生在英语交际、互动、合作中讨论英语知识内容，提升学生的英语口语能力，从而体现应用语言学运用到英语教学中的根本作用。

（三）优化教学模式，重视实践能力

将应用语言学运用到大学英语教育中，能够有效地创新教师的教学模式，优化教师的授课模式，使教学模式得到有效的优化，使得教师能够为学生更好地开展英语教学活动，从而能够提升学生的英语知识水平。第一，在大学英语课堂教学中，教师应该以学生为课堂教学中的主体，以自身为引导者与组织者，深入了解学生，根据学生实际整合英语知识内容，为学生选取适合的教学模式，从而促进英语教学活动的开展。例如，基于英语口语教学模式与以往听、说、读、写教学模式不同的特性，教师在授课时应采取不同的教学模式，突出教育重点，从而提升学生英语口语能力。第二，在大学英语课堂教学中，教师应该根据学生的学习需求，采取分层次教学模式，根据学生学习的差异性，强化学生英语学习的薄弱环节，从而使学生在分层次教学模式中取得相同的进步。第三，在大学英语课堂教学中，教师应该与时俱进，有效运用现代化教学工具为学生授课，将应用语言学知识内容变得形象化、生动化，便于学生更好地理解知识内容。此外，在大学英语课堂教学中，应用语言学应该以实践教学为导向，从而培养学生的英语知识运用能力。教师可以根据英语知识内容，为学生组织相关的校园活动，如英语讲座、英语讨论会，鼓励学生积极、主动地参与活动，进而提升学生的英语应用能力，同时还能够丰富学生的大学院校生活。

综上所述，应用语言学是一门综合性较强的学科，不仅具有较多的语言本身知识与理论，还包括对语言社会因素与使用环境的研究。因此，在大学英语课堂教学中，教师应该有效的运用应用语言学，改变教师以往的教学模式与教育理念，以培养学生英语语言运用能力为导向，从而提升大学英语课堂教学质量。

第四节　基于跨文化交际的大学英语教学模式

在大学英语教学模式的探索过程中，跨文化交际理念已经不是新颖的教学观点。很多高校英语教师通过大量的实践经验对这一理念进行了完善和调整。但是，在大学英语教学模式中，跨文化交际理念依然很难在实际应用中展现出来，在这种模式下教育出来的学生缺乏实际交流能力。在这种严峻的情势下，高校英语教师有必要积极地去探索跨文化交际理论的基础，不断查找在教学模式中出现的问题和不足，为基于跨文化交际的大学英语教学模式探索打下坚实的基础。

一、跨文化交际的概况

（一）跨文化交际的含义

跨文化交际是指不隶属于同一语言体系的主体通常以了解彼此文化背景的方式实现更好的交流。

（二）跨文化交际的特点

从跨文化交际的基本含义可以看出，跨文化交际存在以下几个特点：一是异文化性，是指参与跨文化交际的双方没有相同的文化基础；二是同语言性，是指在跨文化交际的过程中，拥有两种不同文化基础的语言者需要使用相同的语言才能沟通，并展开各种文化交际活动；三是口语性，跨文化交际实际上是实践的过程，是现实应用的体现，这个过程需要进行面对面的交流；四是直接性，在实际的交际过程中，可以将实际理解用语言表达出来，并进行探讨或者沟通，实现对语言背后深层次含义的理解和掌握。

（三）跨文化交际的重要性

从理论上讲，语言和文化是相辅相成的。学生学习英语的过程就是汉语文化和英语文化之间交流的过程。所以，学生想要学好语言，就要从语言的文化开始学习，以便在切实的交流沟通中能够具有准确表达自身意思的口语表达能力。从细节方面来说，培养大学生英语跨文化交际能力有着以下几方面的意义：一是用跨文化交际的方式进行英语教学探索，有利于大学生表达能力和跨文化交际人文素养的提高，以及自身文化底蕴的沉淀，对于实现跨文化交际在实际交际中的良好表现起着积极的作用；二是积极、踊跃地尝试以跨文化交际的方式开展英语教学，可以为我国大学英语教育的改革提供坚实的基础，有利于我国大学英语教育改革事业的发展，是由应试教育向素质教育发展的有效途径；三是应用跨文化交际大学英语教学模式，有利于英语人才的全面培养，对其处理涉外事件方面的能力提高有着很大的帮助作用。

二、现阶段跨大学英语文化交际教学模式探索所面临的艰难问题

（一）跨文化交际价值观的缺乏

虽然在理论上文化和语言有着相辅相成的关系，但在实际的英语教学过程中却出现了严重的失衡状况，过于偏重语言的学习，忽视了对于语言文化的重视，导致英语在实际语言应用中难以表达出所想表达的含义。具体表现有以下几点：一是在理论教育的环境下，以授课为主，授课的方式方法单一，很少涉及与英语文化相关的内容；二是教学过程中缺少实际的应用方向，教学的目的只体现在试卷或者问答中，严重缺少穿插在语言中的文化所带来的深刻含义；三是缺少语言应用的灵活性，多以标准答案和惯用语法来搪塞教学理念，学生很难以全面深刻的方式理解语言的意义[①]。

（二）跨文化交际教育经验的不足

学习英语归根结底就是对英语国家文化学习和探索的过程，如果教师具备一定的跨文化交际成功经验，并且可以将自身体会到的文化内涵用易懂的方式传授给学生，就能促进学生实现跨文化交际理能力的提升。但实际上，很多高校严重缺乏拥有这样资历的优秀教师，大部分英语教师严重缺乏跨文化交际的实际经验。

（三）跨文化交际教育体系不健全

我国跨文化交际教育理论相对于国外的研究来说，起步比较晚，发展速度相对较慢。我国的跨文化交际理论研究工作始于20世纪80年代，大部分在此方面做出突出贡献的学者和专家在实际中运用跨文化交际教学的工作经验还很少。从某种意义上来说，正是我国跨文化交际理论研究体系的不健全，导致我国跨文化交际意识匮乏，使得我国跨文化交际英语教学模式缺乏有效的引导，跨文化交际理论和实践的脱节是大学英语教学跨文化交际文化意识形成的最大阻碍。

（四）跨文化交际教育实践培训缺乏

在大学英语跨文化交际教学模式探索中，切实掌握文化规律是教师必须拥有的基本技能。注重参与跨文化交际实践培训活动，主动积极地接触跨文化交际教学技能，是各大学英语教师不断提高跨文化交际教学质量的有效途径。但是，实际上很多大学英语教师都缺乏实际应用的跨文化交际培训，接触跨文化交际教学的理论和实践较少。在这种情况下要求教师进行大学英语跨文化交际教学模式的探索，使得大部分教师手忙脚乱、

---

① 李艳，韩文静. 孔子因材施教的教育思想简述[J]. 吉林教育学院学报，2008（4）：39.

不知所措，所以这项工作的开展也失去了实际的意义。

三、基于跨文化交际的大学英语教学模式的探索

（一）建立健全的跨文化交际能力培养认知体系

健全的跨文化交际能力培养认知体系主要涉及教学理念、教学目标和教学原则等内容。英语教师可以从以下几点入手：一是树立正确的教学观念，通过更新教学理念、明确教学思路来促进跨文化交际教学工作的实际展开，必须实现教师队伍对跨文化交际认知能力的提高，并充分调动教师对跨文化交际教育工作的积极性，使其积极投身于跨文化交际教育工作中，在工作中探索英语跨文化交际教学模式。二是确定正确的教育方向，就是以培养跨文化交际能力作为英语人才培养的目标，切实地发挥英语的社会功能，跟上社会对于英语教育要求的脚步，以调整和改善教学目标。三是找寻正确的教育体系关系，教学体系中各个主体之间的关系主要涉及本土文化和英语文化、英语的功能性和英语的文化性、语言文化教学和语言基础教学等，合理地处理它们之间的关系，使它们共同致力于跨文化交际的实际应用显得尤为重要。四是搭建坚实的教学基础，高校应以大学英语跨文化的教学特点为基础，循序渐进，倡导体验式教学，因材施教，将大学英语跨文化教学模式作为贯穿整个跨文化大学英语教学工作的重点。

（二）将教师资格机构的升级和优化纳入重点

根据高校跨文化师资力量薄弱的现状，高校应将教师人力资源基础的扩大、教师资格机构的升级和优化当作跨文化交际的大学英语教学模式探索的突破口。高校应积极采取有效的措施，需要做好以下几点：一是严格高校教师的招聘和选拔，给予拥有跨文化教育经验、留学经验以及国外生活、贸易经验的教师一定的优先条件。二是对教师采取有效的培训，积极将跨文化理论发展纳入培训体系中，实现教师结构整体升级的目的。三是适当增加外教的聘请和外教课程比重，让教师和学生都能在此过程中汲取经验，成为跨文化交际的大学英语教学模式探索的一个有利的突破口。

（三）加大大学英语跨文化交际教学模式的理论研究力度

我国大学英语跨文化交际教学模式研究处于落后于其他国家的阶段，需加大开展理论探讨的力度，以填补我国这方面研究的空白。主要涉及以下几点：一是设立相对应的大学英语跨文化交际教学模式研究项目，组建专业的研究小组，结合实践经验来完善我国跨文化交际的大学英语教学模式理论体系。二是积极学习国外先进经验，及时归纳总结，比较内外优缺点，找到符合我国国情的高校英语教学模式。三是扩大跨文化交际的

大学英语教学模式的现实应用,积极了解人才市场对人才需求的实际情况,并及时总结归纳经验,为健全教学模式打下坚实的基础。

(四)扩大引导学生参与大学英语跨文化交际教学模式探索的范围

学生作为教学过程中不可或缺的重要组成部分、教学过程中的主体,积极地鼓励学生参与大学英语跨文化交际教学模式探索,对健全这种教学模式有着至关重要的作用。高校可以通过以下几个方面来实现:一是通过各种渠道增加学生与跨文化媒体的接触力度,为学生提供良好的学习环境。二是将情感教育通过文化作品、文化情景和文化产品的方式融入跨文化交际的大学英语教学过程中去,积极培养学生跨文化交际的兴趣,将其转化为学生自主接纳大学英语跨文化交际教学模式的动力。三是积极培养学生自主学习的能力,利用课外探索、趣味游戏等方法促使学生养成跨文化交际的学习习惯,为开展跨文化教学工作打下坚实的基础。

综上所述,基于跨文化交际的大学英语教学模式探索,可以切实地在增强学生的文化意识、语言能力和综合素质等方面发挥积极的作用。高校必须积极、有效地开展各个方面的工作以促进跨文化交际的大学英语教学模式的完善。随着大学英语跨文化交际教学模式在各大高校有效展开,基于跨文化交际的大学英语教学模式探索必将为大学英语教学效果的提高发挥一定的借鉴和指导作用。

第五节 智能手机辅助大学英语教学模式

当今社会突飞猛进的发展对大学生的英语综合能力提出了更高的要求。众所周知,智能手机具有泛在性、及时性、交互性和多媒体性的功能,颠覆了传统的教学模式。近年来,智能手机在高校学生中的普及率非常高。这为大学生学习英语提供了新的平台。探索如何使智能手机与大学英语教学更好地结合,为当代大学生创造更加优越的学习环境具有划时代的意义。因此,本节提出了智能手机辅助大学英语教学这一课题,其目的是建构一种新的不同于传统的大学英语教学模式,使学生能够随时随地地学习,进一步加强学生英语综合能力和自主学习能力的培养,从而提高学生的英语综合能力。本节以大学英语教学为例,通过在大学英语课堂教学中使用智能手机在课前预习、课中教学和课后学生自主学习的实践,从而可以得出智能手机在大学英语教学中有一定的必要性和可行性。

在互联网时代背景下,智能手机在大学生中普及开来。这也使得大学英语教学发生了翻天覆地的变化。传统的大学英语课堂是低效的和被动的，智能手机的出现颠覆了这种传统的教学模式。此外，大学英语课堂上普遍存在的"低头族"和沉默现象要求高校改变这种现状迫在眉睫。本节的目的在于通过引导学生把智能手机应用到英语自主学习中去。"将智能手机的消极功能转变为积极的学习工具，使学生掌握一定的自主学习的方法，使学生养成良好的学习习惯以及学习技能，从而使学生养成自主学习的良好习惯。智能手机应用的好可以改变这一现状。"①随着互联网的发展，智能手机应用在各个领域，功能越来越多，应用软件也越来越高级。智能手机正在改变着人们的生活方式、价值观念和思想观念，也将改变着传统的大学英语教学模式。

目前，高校需要建立一种正确、积极的课堂模式来正确地引导学生使用智能手机，从而丰富大学英语课堂教学，促进学生积极思考。本节主要探讨智能手机在大学英语课堂上的积极应用，从而提高教师对智能手机在课堂上的应用的重视，建立一个合理、积极的智能手机应用模式。

一、智能手机催生大学英语教学

4G网络的普及和Wi-Fi（无线通信技术）的快速发展推动了智能手机的普及化运用。智能手机具有携带方便、网速快、功能齐全等特点，因此，能够融入生活中的方方面面。大多数人与人交往、学习、娱乐和购物等都离不开智能手机，其影响着人们生活的各个方面，并且正在改变着人们的生活方式和世界观。因此，大学英语教师应该多思考智能手机在大学英语课堂中的应用。大学英语教师应该抓住这一契机，将其大胆地应用到大学英语课堂中，从而为我们大英课堂注入新鲜的血液，激发学生的学习动机和兴趣，提高大学英语教学质量，达到大学英语教学的目的。②

二、智能手机辅助大学英语学习

智能手机便于携带。智能手机辅助大学英语学习是指利用智能手机，在任何时间、任何地点学习大学英语。这些设备能有效地呈现学习内容，还能够为教师和学生提供在线交流的渠道。

三、智能手机参与大学英语教学的必然性

在传统的大学英语课堂教学中，以教师为主，以学生为辅的教学模式已不能满足当

---

① 李光莉.智能手机辅助大学英语教学模式研究[J].新一代（理论版），2018(21)：9-10.
② 刘英爽.国际化背景下大学英语跨文化教育的瓶颈和转型趋势[J].教育评论，2016(7)：115-117.

今时代发展的需要。在这种课堂中,以讲师的讲授为主,学生缺乏独立思考的能力。"那种死板单调的教学模式,学生只会死记硬背,不会在日常生活中进行灵活运用。学生一直以来处于一种被灌输的状态中,失去了创造力和想象力,学生的学习毫无兴趣可言。"①

在数字化的今天,智能手机成为学生交流的主要工具,学生的碎片化学习在整个大学校区普及开来。学生可以通过智能手机观看教师发布的视频讲座,在手机上讨论问题,完成作业和考试等都可以由手机来完成。数字化校园的推进给智能手机应用于大学课堂提供了可能。因此,在这种大趋势下,大学英语教师更愿意利用这种快捷、高效的教学模式。如果教师在大学英语课堂上容许学生利用手机和网络,那么传统的大学英语教学模式就可能会走向瓦解,真正的教育变革就会来临。

四、智能手机参与大学英语教学的可行性

(一)理论依据

《大学英语教学指南》(2017年版)指出,"大学英语教学以英语的实际使用为导向,以培养学生的英语应用能力为重点",提倡以教师为主导、以学生为主体的教育思想,强调教学遵循外语学习规律,要求教师创设主动学习的环境和条件来引导学生积极主动参与。此教育理念跟布鲁纳的认知学习理论完全吻合。布鲁纳认知学习理论认为,学生的学习需要教师的引导,教师应注重培养学生在学习过程中的主观能动性。在学习知识的过程中,学生起到主导作用,教师只是引导学生发现思考问题、慢慢地解决问题,然后建构科学的知识结构体系。学生只有掌握了这些学习方法,才能够融会贯通,举一反三,实现学习的正迁移作用,从而依靠自己获取更多的知识。布鲁纳的认知学习理论对大学英语教学有着指导作用。当前的大学英语课堂存在诸多问题,诸如班级人数众多、教学课时量少、教材老套等问题。这些问题使得传统的大学英语课堂难以满足学生英语水平参差不齐的现状。然而,布鲁纳的认知发现学习理论与智能手机相结合可以解决当前大学英语课堂所遇到的难题。智能手机具有资源丰富,时间、空间不受限制等优点。

(二)智能手机的多功能性

智能手机可以安装学生用于学习的各种软件工具如微信、QQ以及各种电子词典等。学生可以在任何时间、任何地点和任何空间连接互联网,随时随地地获取目标信息和资料。智能手机在大学英语课堂上的应用能够转变教师的教学理念。在课堂上,以学生为主、以教师为辅的教学模式能够极大地调动学生的主观能动性,活跃课堂气氛,提高学生的学习积极性和兴趣。

---

① 李光莉.智能手机辅助大学英语教学模式研究[J].新一代(理论版),2018(21):9-10.

智能手机具有商务速度快、屏幕清晰、支持在线阅读文本和观看视频文件等优势。与此同时，智能手机还能下载所需要的视频、图片等，还具有录音、录像等功能。据调查，现在的智能手机是人手一机，因此，智能手机可以成为大学生英语学习的一大优势平台。

五、智能手机在大学英语课堂上的运用

（一）课前预习

在上课之前，教师可以把学生的学习任务发到班级群里，或者上传到云端。学生可以利用智能手机随时随地地下载学习任务。这样可以培养学生的学习自主性。当前的大学英语课堂教学以听、说、读、写译为主导。由于课时量的限制，这几项任务不能全部在课堂上进行。为了提高效率，教师可以借助智能手机来完成这项教学任务。教师可以把提前录制好的视频等教学资料传到班级群中，比如听课文、看视频、学单词等一系列教学任务。学生通过预习能够发现问题，学生解决不了的就可以在课堂上由教师来解决。这样可以大大提高学生的学习效率，从而完成大学英语教学的目的。

（二）课堂教学

当今，在大学英语课堂上，95%的教师都是使用多媒体课件上课，黑板上基本没有任何板书，课件翻页过快，导致学生没有充足时间做笔记。智能手机的应用可以缓解这一状况，学生可以用智能手机拍照；还可以使用录像功能，任何细节都可以录制下来，用于课后的整理、复习。很多学校的大学英语课堂都是上百人，导致教师不可能给予每个学生发言的机会。随着微信和QQ使用的普及，教师可以将要在课堂上讨论的问题放在微信和QQ上。学生可以在下面留言发表自己的看法，教师可以随时随地了解学生在学习过程中不懂的问题，随时给予回复，随时解答学生的问题，大大提高了大学英语课堂效率。

（三）课后复习

学生使用智能手机，除了能够及时复习在课堂上所学的知识以外，还可以根据自己的爱好关注公众号，学习自己喜欢的知识。首先，学生可以利用微信、QQ留言等向教师提问，及时解决不懂的问题，与教师保持积极的交流和互动，从而提高学习效率。其次，学生不仅可以在课堂上学习知识，智能手机的使用使得学习在课外也一样能够进行。学生可以下载自己喜欢的视频、软件等来学习知识。这是课堂教学的有益补充，可以更好地提高学生的自主学习能力。

六、大学英语课堂上使用智能手机带来的局限性

智能手机运用到大学英语课堂上，虽然有很多有利影响，但是也会产生很多不利的影响。那些自制能力差的学生可能会用智能手机来娱乐，这样反而会影响正常学习。再者，学生长时间使用智能手机，总是盯着屏幕对眼睛的伤害也是很大的。这些都是需要教师关注、解决的问题。

智能手机运用于大学英语课堂，对于当前大学生而言，机遇与挑战并存。高校教师应该重视这种先进的教学技术与课堂教学的结合，从本校的实际情况出发，重构以智能手机为依托的具有划时代意义和可行性的大学英语课堂教学模式。"我们要倡导以学生为主、以教师为辅的教学理念，提高学生的主观能动性，培养学生自主学习的能力，为其终身学习奠下坚实的基础。总之，这种新型的教学模式具有很强的生命力和广阔的前景。如何有效地把智能手机运用到教学上，是我们高等教育者所要研究的重要课题之一。"①

第六节 多元互动的大学英语教学模式

学生学习英语的最佳时期就是大学时期。大学毕业之后，学生就要开始找工作，因此在大学时期进行英语学习至关重要。教师要注重大学生英语能力的培养，不断提高大学生的英语能力水平，为社会发展培养有用人才。就高校英语教学现状可以看出，很多大学生存在高分低能的现象，这一教学缺陷使得英语的教学效果受到很大的影响。随着新课改的不断发展，高校要不断进行高校英语教学模式的探究、创新，充分地将多元互动教学这一重要的模式运用到教学活动中，从而优化教学的效果，培养学生的英语能力。

一、大学英语教学模式的现状探究

国外的很多外语教学模式具有多样化的特点，探究的维度也十分广泛。其中，折中主义的观点备受人们的欢迎，即在外语教学活动中，从折中的角度出发，为学习者营造多元化的学习氛围。国外在教学活动中运用的教学模式有课堂讲授型、相互交流型和折中型三种。随着我国国际化步伐不断加快，我国高校的英语教学模式也在不断改革、创新，逐步朝着开放性、多向性的方向发展。紧接着，教学环境也将逐步出现转变，开始朝着多元化、开放性的方向发展。所以，教师在进行教学模式的选择时要注意教学目标的确定，

---

① 史小华.高校"基础日语"课程移动学习模式探究——以QQ移动学习平台应用为例[J].牡丹江大学学报，2015(12): 152-154.

要通过教学激发学生的学习热情，选择适应学生的教学策略，培养学生具备正确的学习观，能够积极主动地参与到学习中[①]。由于信息技术的飞速发展，高校英语教师要注意不断探究教学模式的创新发展，不断促进多元互动教学模式的完善，为学生营造一种具有开放性特点的学习氛围，从而不断提高学生的英语能力水平。

二、不断完善大学英语多元互动教学模式的对策

在大学英语教学中，教师要想充分运用多元互动教学这一重要的模式，就要明确该模式运用所必须具备的条件。以下是针对进一步完善高校英语教学中的多元互动模式的具体对策：

（一）不断提升教师的素养水平，创新教学观念

教师在英语升学活动中充分运用多元互动这一模式时，首先要注意角色的明确，促进教学观念得到创新发展。教师要起到教学引导的作用，不断提升自己的素养水平。例如，教师要充分运用课余的时间，积极参加相关的学习活动，提升自己的教学素养和能力，为多元互动教学模式的充分运用奠定良好的基础。除此之外，教师还要将学生的英语水平现状作为基础设计教学活动。随着教师的经验不断增加，教学活动的设计也会更科学，能够使学生积极参与学习活动，使学生的英语能力得到提升。

（二）不断促进硬件的建设工作，为学生提供学习资源

多元互动教学模式相比较其他模式而言，具有很大的特点，所涉及的范围十分广泛，而且需要网络的辅助。因此，高校在英语教学活动中要充分运用多元互动教学模式，与网络息息相关，需要网络硬件的支持。因此，网络硬件的运用能够促使教学效果得到优化，进而促使学生更好地进行学习。高校要不断完善硬件设施，积极为学生提供丰富的学习资源。教师要站在多个角度进行分析，为学生营造学习氛围，提供具有价值的资源，进而提高学生的英语技能，优化学习效果。

（三）不断加强教师的引导和监督

在高校英语教学活动中充分运用多元互动这一教学模式时，教师不但要在教学活动中起到引导和监督的作用，还要在课下积极引导学生进行学习。因此，教师在进行教学活动的设计时，要注意将学生的实际情况作为设计现实中的情景，以便激发学生的热情；同时，借助网络的作用，在课余时间对学生的学习进行监督，从而提高学生的学习效果。

（四）不断健全评价反馈体系

在高校的英语教学活动中，教学评价这一环节至关重要，能够对学生的学习目标和

---

① 王汉英，胡艳红，徐锦芬.美国康奈尔大学外语教学观察与思考[J].教育评论，2015(7)：165.

学习效果产生重要的影响。在过去传统的英语教学活动中，采用的评价一般是结果式评价，主要将重点放在最后的成绩上，忽略了学习的过程。这样的评价具有片面性，不能有效地激发学生的学习兴趣。因此，在进行多元化教学时，教师不但要注重结果的评价，还要注意对于学习过程的评价，以及对教学过程的相关资料等进行总结评价，从而提高学生的英语素养水平，促进其英语能力得到发展。

总而言之，在高校的英语教学活动中充分运用多元互动教学模式能够促进教师创新发展教学观念，为教师的活动设计做好铺垫，充分呈现这一教学模式的优点所在。除此之外，教师要想提高学生的英语素养水平，就要为学生提供丰富的学习资源，设计科学的教学活动。

第三章 应用型人才导向下大学英语课程体系建设

第一节 模块化大学英语课程体系建设

外语在高等教育国际化战略中的重要作用，决定了外语教育在通识课程体系中的重要地位。大学英语课程体系是通识教育课程体系的重要组成部分。在校本通识教育模块化课程体系框架中进行探索和改革，建设符合本校人才培养目标的大学英语课程体系势在必行。

2012年7月，在教育部第一期高等学校大学英语青年骨干教师高级研修班上，来自全国53所高校的200余名学者和一线教师从理论到实践，共同交流如何建设有中国特色的大学英语课程体系。王守仁教授指出，大学英语课程设置应具有两个"三三制"特点：一是在教学内容上，大学英语应由普通英语（English for general purposes）、专门用途英语（English for specific purposes）和通识教育类英语（English for general education）三部分组成；二是在教学定位上，大学英语教学应体现语言的工具性、人文性和专业性三种特征。余渭深教授指出，大学英语教育应结合人文性与工具性才能使学生更好地提升英语基础与应用能力；随着现代学习理论的不断更新，应当加深对大学课程设计、教育教学方法的认识，并在此基础上进行改革。此次研修班进一步确立大学英语兼具工具性和人文性的课程性质和课程定位，进一步强调了大学英语课程体系改革的重要性。

建设大学英语模块化课程体系，目的是通过大学英语模块化课程体系中各种不同分类和不同层次的教学，充分发掘大学英语课程丰富的人文内涵，真正实现其工具性和人文性的统一，培养学生学会用英语获得关联学科的相关信息，拓宽国际视野、体会多元文化、提升思辨能力，培养学生具有厚重的人文素养和跨文化交际能力，使学生能在各行各业发挥领军作用，成为既具有民族性又具有国际意识的优秀公民。

模块化大学英语课程包括通用英语和专门用途英语；专门用途英语又分为职场英语

和学术英语，学术英语包括通用学术英语和专门学术英语。通用英语的教学目标是拓宽学生的国际视野，增加学生的百科知识，培养学生的跨文化交际能力和综合素养；专门用途英语的教学目标是增加学生的专业知识，培养学生用英语进行专业交流的能力和学术素养。两类英语课程都可以提高学生应用英语的能力和思辨能力，不能完全互相替代，也不互相排斥。针对校本各大类专业人才培养需求和学生需求，高校可以对处于基础阶段、提高阶段、发展阶段的学生进行分类分层次教学，每个阶段都可以开设通用英语和专门用途英语，但侧重和比重不同，既培养学生的综合素养，又培养学生一定的学术素养。

一、确立针对性更强的大学英语教学目标

苏州大学外语部在校本通识教育模块化课程体系框架中，基于对国内外通识教育课程尤其是外语课程的改革与实施状况的调研，对本校发展战略目标和人才培养特色以及学生需求、教师发展需求的调研，经过反复讨论和论证，创建体现苏州大学学科发展和人才培养特色的大学英语模块化课程体系，制定了培养具有综合文化素养、应用型、国际化创新人才的大学英语教学目标，致力于培养具有英语应用能力、高阶思维能力、跨文化交际能力的创新人才；在教学实践过程中，努力探索教学目标与课程设置和课程建设的有机契合。"高级英语口语""翻译与英语写作""跨文化交际""中国地方文化英语导读""影视英语""英语报刊选读"等课程是苏州大学跨文化交际类课程模块的核心课程。

（一）"英语高级口语"课程教学目标

通过本课程训练，学生基本达到《大学英语课程教学要求》的"更高要求"所规定的英语口语能力，即用所掌握的基本语言知识，条理清晰、逻辑严谨地表达观点与思想。能就一般或专业性话题较为准确、流利地与英语国家人士对话或讨论，并能将对话或讨论有效地进行下去；能就个人目的或社会交际目的灵活、有效地使用英语表达自己的意念，如感情、意愿等；能用简要的语言概括较长、语言稍难的文章或讲话，并能对某一题目给出较长的解释或说明；能在学术会议或专业交流中较为自如地表达自己的观点和看法，重点突出、内容完整、语言流畅。

（二）"写作与翻译"课程教学目标

本课程旨在通过向学生介绍中西思维差异、英汉互译（特别是汉译英）技巧，以及英语写作方面的规范指导，使其克服母语的负迁移，在中英互译上努力达到"信"和"达"的标准；在英语写作方面能够发现新视角，用规范的文体，以及通顺、流畅、准确的语言介绍情况，表达自己的情感和观点，为今后的继续学习或工作打好英语文字功底。

(三)"跨文化交际"课程教学目标

根据教育部《大学英语课程教学要求》精神,本课程属"语言应用类"和"语言文化类"课程,为已基本完成"综合英语类"课程学习的学生开设。本课程传授英语语言国家的文化,展示其独特的社会风貌,揭示中西方文化在语言交际、非语言交际、生活方式、行为方式、思维方式、价值观念、文化取向、社会规范、伦理道德、宗教信仰等方面存在的同一性,对比其差异性,使学生在对异域文化的了解中加深对其语言现象及其文化蕴涵的理解和领悟,提高跨文化交际敏感性,培养跨文化交际能力,能用英语与不同文化背景的人们进行得体、有效的交际,做合格的地球村民。

(四)"中国地方文化英语导读"课程教学目标

本课程旨在完善学生对中华民族文化和地方文化的英语认知建构,促进人文素养,提高英语综合应用能力和跨文化交际能力,提升毕业生在区域社会发展中的竞争力和社会适应能力。

(五)"影视英语"课程教学目标

本课程旨在以英语影片为媒介,文化学习与语言学习同步进行,帮助学生在了解西方文化的同时提高听、说、读、写的综合技能和人文素养,使学生成为具有国际视野和跨文化交际能力的新时代大学生。

(六)"英语报刊选读"课程教学目标

"英语报刊选读"课程作为一门应用课程,旨在提高学生的英语阅读能力和应用能力,开阔学生的知识视野,培养学生的思辨能力,以及获取信息和分析资料的能力,激发学生课外自主学习的兴趣。

二、建设校本特色的大学英语课程体系

苏州大学依据学校本科人才培养新方案,在公共基础课程和通识教育课程两个平台上,优化大学英语类课程设置:(1)继续建设好传统的通用英语课程模块,包括"大学英语"一级至四级;(2)重点建设好跨文化交际类课程模块,包括"跨文化交际""中国地方文化英语导读""英语报刊选读""影视英语""翻译与英语写作""英语高级口语"等课程;(3)探索创设个性化专门用途英语类课程模块:针对唐文治书院、医学部、材料与化学化工学部、音乐学院、数学科学学院、文学院、能源学院、敬文书院等院部学科专业特色人才培养目标,制订个性化大学英语课程方案。

三、优化以学生为本的教学模式

该模式遵循外语教学科学规律，在以"学习体验充盈化、教学资源多元化、教学成效生态化"为核心的教学模式上有新突破。苏州大学践行反思实践型、教研结合型英语教学，提高了教学内容的真实性、教学评估的合理性，实践英语教学输入与输出多模态化、语言形式教学与意义交流并重化、课堂内外语言实践与应用融合化，营造了互动性、直观性、体验性的教学氛围，以教学模式的改革提高了英语教学的有效性，有效提高了学生的英语应用能力、多维思辨能力、东西方文化传播能力、跨文化交际能力，为学生今后的职业发展和国际交流夯实了英语应用基础。

该模式满足了学生英语学习的个性化需求及部分专业的人才培养个性化需求。苏州大学在创建个性化英语课程模块方面取得了突破性的成果，根据医学部、唐文治书院、数学科学学院、材料与化学化工学部不同院系的专业需要，以及学生个性发展需求，制订了多层次、多元化的教学目标。音乐学院的教学目标从抽象程度最低的套语开始，学生需要了解套语的语源、内涵和隐喻概念，形成有效的语言学习和思维方式。医学部、唐文治书院、数学科学学院、材料与化学化工学部的教学目标从抽象程度不高的低域模式开始，以构式原型义为起点，逐步输入延展义的实例，引导学生依据原型义进行推理并拓展。该教学模式从特殊到一般概括构式，培养学生的抽象思维及概括构式的能力；再从一般到特殊扩展构式，培养学生创造性地使用目标构式的能力。苏州大学积极探索并创新教学模式，以高频偏态输入为教学内容，旨在充分开发这些优质英语资源的潜能，教师以满足国家对高端外语人才培养的需求。教师以通用英语和学科知识教学中的自然语料为出发点，通过向学生提供某一构式的多个实例进行高频输入，然后结合自身认知基础，引导学生发现该构式的意义、构建具有能产性的图示、提高概括规律的能力，并在产出语言时使用这种能力。

四、建设多模态英语教学环境

优化和共享多模态教学资源能够有效地促进模块化课程体系建设质量的提高。苏州大学旨在营造信息充盈、情感充盈、情景充实、介质多元的多模态教学环境，以文字、图片、音频、视频等多介质的语料丰富传统纸质教材的单一介质，创建、整合、优化具有实用性、交互性、模块化的教学资源，最大限度地满足学生个性化学习需求，以便学生在多模态英语学习语境中从时间和空间方面实现信息和思想的交流。该校模块化课程体系中的五门核心课程获第三批国家级精品资源共享课立项，于2014年通过教育部"爱课程"网站向全社会开放，为个性化学习搭建了优质教学资源平台。

该校创建校本特色的"苏大英语在线"等网站，并成功将其拓展为移动终端版本，方便学生使用与课程学习有关的资源，方便学生相互交流学习成果与心得；以文字、图片、音频、视频等多介质的语料，为本校学生和社会英语学习者提供了丰富的学习资源，丰富了传统纸质教材的单一介质，"多元化"的环境建设营造了信息充盈、情感充盈、情景充实、介质多元的多模态教学环境；不断完善国家精品资源共享课网站，共享教学录像、教学单元配套课件、资源导航、媒介素材和课程拓展资源，为个性化学习、多途径应用搭建优质教学资源平台；在应用新信息技术方面与时俱进，配合模块化课程体系建设，成立教师微课制作团队，着手制作与跨文化类课程、个性化专业类英语课程有关的微课，帮助学生有效学习相关课程的重点知识、难点知识，掌握重要的英语听、说、读、写技能。

五、以教师专业化发展推动模块化课程创新与建设

苏州大学聚焦师生创新能力的共同提高，重视教师的专业化发展，以课程群建设为核心、以学术内涵建设为支撑，构建专家引领型、专长互补型、教学反思型、教研结合型教学团队14个，以研讨会、作坊、新课程启动会、互联网虚拟社群等途径，构建合作型的教师教研实践共同体。大学英语模块化课程体系的创新紧紧依靠教师的专业化发展，强化实践反思，采取各种激励措施，激发反思意识、催化反思行为、提高反思能力，以教师专业发展创新课程设计和课程教学。

首先，该校在宏观层面，通过专题报告、专家讲座和定期研讨等形式，组织教师贯彻教育部大学英语课程教学改革和精品课程/精品资源共享课建设精神，学习国内外第二语言习得等与大学英语教学相关的理论和研究成果，客观分析地方性大学英语课程教学的状况，积极反思传统大学英语课程教学实践的得失，努力探索大学英语课程教学可持续发展的路径。教育政策系统学习、教学实践对照反思、学术理论实践探索使大学英语教师深刻认识到传统大学英语课程在教学目标、课程设置等方面与现代教学需求之间存在的不足，个性化校本课程特色建设是大学英语课程建设的发展动力。思想高度统一后，该校确定了地方性高校大学英语课程教学目标：以培养学生英语综合应用能力为中心，积极发展思辨能力和跨文化交际能力，服务区域社会经济建设和文化事业的发展。为实现提高学生英语综合应用能力的中心目标，该校改革大学英语课程设置，不断增设"英语写作与翻译""英语高级口语""英语影视欣赏""跨文化交际""中国地方文化英语导读"等应用、文化类课程，积极创建"大学英语应用类课程"体系。反思促进了大

学英语课程教学目标、课程设置的及时调整，而大学英语课程教学目标、课程设置的及时调整又为教师进一步反思教学实践明确了范畴。

在微观层面，该校一方面通过听课交流、评价反馈、学术培训、在职进修等措施，将精神鼓励和定量要求相结合，引导教师就教学理念、教学态度、教学内容、教学过程、教学评价、教学效果等方面进行自觉能动的反思、总结得失、规划发展。反思有力地帮助了教师改进教学过程、提高教学效果。在模块化课程的创新建设过程中，众多的教师由于出色的教学而获得校级及以上单项和综合奖励。另一方面，该校鼓励教师研究教学实践，努力从事与自己教学实践相关的研究，包括教学内容和教学方式的研究，在难点攻关、资源拓展、团队建设、课题研究等方面，将遇到的实际教学问题转变为可能的学术研究问题或课题项目，以期用学术理论和研究成果去指导教学实践。在跨文化交际类、个性化课程方案的设计和实施过程中，该校开展相关的教改研究项目，出版教材，发表教学研究论文，并及时将教改的成果与全国同行交流。

本模块化大学英语课程体系针对全校 3 届 5 个校区 16 000 多名学生，两年内为全校 4000 多名学生开设多门应用、文化类大学英语课程。"英语报刊选读"课程有效提高了学生在多元语境下进行信息检索、分析、判断、评价等信息处理和资源整合的媒介素养；"英语影视欣赏"课程借助英语影视声、光、影等综合艺术特殊媒体，充分运用图像与文字结合，激发学生学习动机，使学生多角度、全方位获取文化信息，培养立体思维；"翻译与写作"课程鼓励学生借助互联网整合写作素材，结合学科发展动向，将写作能力的提高与学科知识的积累和信息技术能力的提高相结合，提高学生的写作兴趣；"中国地方文化英语导读"课程通过中外学生合作学习、课外文化讲座、文化探访体验等方式，全方位充盈学生文化体验。

建设模块化课程体系旨在为学校和社会培养具有高阶思维能力、综合文化素养、跨文化交际能力的高素质、应用型、国际化新人才。经过两年的教学实践，学生创新实践踊跃，创新竞争力增强。两年内学生获国家、省级大学生创新实践项目 30 多项；学生志愿者服务苏州地方重大国际会议；每年 100 多名学生参加校级、省级、国家级的英语演讲比赛、英语辩论赛、英语写作比赛、英语阅读比赛，获得 10 余个省级和国家级奖项；近 200 名学生在《苏州日报·英文周刊》、校级英文报纸 *College English Plus*、校级英文写作期刊 *Fun with Writing* 上发表过英文作品。

模块化大学英语课程体系的改革和建设为提高本校英语教学效果和教学质量做出了重要贡献。但是，需要进一步完善校本公共基础类英语课程模块、通识类英语课程模块、专门用途英语课程等三大模块的相互衔接机制，需要进一步探索针对学生学科专业学习需求的专门用途英语课程建设，进一步探索大学英语教师可持续性发展路径，提高教师教学研究能力，促进教学效果的更大提高。

第二节　合作模式下 ESP 大学英语课程体系建设

基于 ESP 的大学英语课程体系仅靠学生与教师的个体力量是无法实现的，这就要求语言教师与专业教师、教师与学生、学校与企业以及国内外院校之间要形成多维度的合作关系，共同参与 ESP 课程教学，共同解决语言、专业、教学、实践等各种问题。

一、语言教师与专业教师的合作

ESP 的教学质量与教师质量紧密相关，而语言能力过硬、专业知识体系相对完备的教师还比较少。为了解决这一问题，语言教师与专业教师之间的对话、合作和分享就成了必然。其实，这种语言教师与专业教师之间合作的教学模式，在国内外都已有先例。根据国内大学英语 ESP 教学现状，语言教师与专业教师的合作可以体现在以下 4 个方面：

（一）大纲制定

基于 ESP 的大学英语课程大纲是以培养学生在专业语域下的语言能力为重的大纲。语言教师与专业教师可以结合本校专业特色共同分析本校学生的学习需求，确定学生的学习目标，并在此基础上共同制定教学大纲。语言教师可以通过查阅学生的专业教材，对该领域的知识有一个初步的认知，再在专业教师的协助下确定教学目标、教学内容，设计教学过程，确定参考书目等。

（二）教材编写

教材在语言学习和教学过程中意义重大。目前，高校各专业 ESP 教材的质量良莠不齐，存在很多问题。部分教材一味强调语言的应用，无法满足学生对专业知识的需求；还有的教材虽然重视专业知识体系的建构，但不符合语言教学的习惯和模式。这就需要在教材编写的团队中同时要有语言教师与专业教师。这二者在需求分析、教材评价、材料选择、任务设计、教材评估等教材编写环节进行沟通协作。

（三）合作教学

合作教学（co-teaching），又称团队教学（team teaching）和协同教学（cooperative teaching）。合作教学是指两位或多位教师同时在一个课堂上以合作的方式，就某一单元、某一领域或某一主题联合开展课堂教学活动的一种模式。语言教师与专业教师可以在

ESP课堂中进行合作,共同承担同一门ESP课程的教学工作,打破传统课堂"一课一师"的教学模式。语言教师与专业教师各有所长,如果能在语言技能与专业知识一堂课上得到融合和补充,学生的学习视角就会更加开阔。

(四)课程考核

普通英语测试侧重的是语言能力的考核,而在ESP课程考核中,测试内容要与真实情景相关联,不仅测试学生的语言水平,还会涉及相关的专业知识。语言教师与专业教师需要共同把握考核测试的难度,还要根据专业学科的不同特点,以需求分析为导向进行不同侧面的评价。

二、教师与学生的合作

长期以来,大学英语课堂基本上是教师的一言堂,学生在课堂上的参与度不高,学习较为被动,因此学习效果事倍功半。而ESP课程是以学生需求为导向的课程,教师根据学生学习英语的目的来确定教学内容和教学模式,因此,学生在整个教学环节的地位得到凸显。学生与教师之间的互动合作无论是在课前、在课中还是在课后都显得尤为关键。

(一)课前——师生合作备课

叶澜教授曾提出"让课堂焕发出生命活力",并不是要求教师把教学工作聚焦于课堂之上,这种生命活力的焕发来源于课前充分的准备。因此,ESP课程的备课环节亦需要学生的参与。课前,学生可以把自己对于整门课的预期(包括重点难点和学习方式)汇总给教师,让教师对学生的学习需求有一个大概的了解;教师根据汇总信息对授课计划做出调整,将调整后的授课计划反馈给学生,让学生在课前做到心中有数。而且,从情感上来讲,让学生参与备课,是对学生的一种肯定和认同,可以激发学生学习的积极性和主动性。

(二)课上——师生共同参与任务和讨论环节

在当前这样一个知识更新周期日趋缩短的时代里,无论是教师还是学生,都应该不断学习,不断更新自己的知识体系。因此,在课堂上,教师与学生应该是平等的、共同参与的关系。ESP课程尤为如此,旨在培养学生在特定工作环境下运用英语进行交际的能力,具有显著的实用性和行业特色。而能力的培养不是简单的"输入—输出"模式能够实现的,学生需要在师生相互依赖、信任的氛围中,通过面对面促进性的互动最终将知识内化成能力。师生在课堂上可以采用多样化的合作模式,如自由讨论、共同完成任务和小组活动等。

（三）课后——师生共同进行课后反思以及生生互评、自我评估、师生互评的评价体系

在一个模块或者一个章节结束后，教师与学生应该就这一部分出现的问题共同进行反思并总结得失。教师与学生视角的不同会让反思更加全面和细致。

教师与学生的合作也应该在教学评价中有所体现，其形式可以包括生生互评、自我评估和师生互评。值得一提的是，传统课堂的课堂评价一般是教师对学生的单向性评价，而学生对教师的评价多流于形式。然而，从学生视角评判教师的教学组织活动往往会让今后的教学工作更具有针对性和目的性。

三、学校与企业的合作

ESP 课程与特定领域紧密相关，强调了知识的实用性和目的性，因此，学校可以与对口企业联手打造教学平台，在师资培训、共同授课方面建立互惠互利的合作关系。

（一）师资培训

ESP 课程是英语教学课程，其教学目的是培养学生在专业领域内的语言意识和英语语言能力。因此，ESP 课程应由语言教师教授。但是，语言教师在专业知识上的欠缺致使具有资质的 ESP 教师的数量严重不足，而这也是国内高校在开设 ESP 课程时面临的最大难题。为解决这一问题，高校可以对学习能力强的英语教师进行培训。培训形式除了在校旁听专业课程外，高校还可以联系相关企业，让教师深入其中，切实了解行业发展需求并学习专业知识。企业协助学校培训教师的模式亦可以多样化，如提供咨询服务（企业为 ESP 教师提供相咨询服务，使教师及时、动态地了解行业发展）、专题培训、挂职锻炼等。

（二）共同授课

高校可以建立校内 ESP 专职教师与企业兼职教师相结合的授课模式。授课前，高校教师和企业教师在共同商讨的基础上决定学习任务安排、教学计划和考核标准。授课时，在理论教学环节，高校 ESP 教师可以起主导作用，企业兼职教师可以以定期讲座的形式对教学内容进行扩展和补充。在实践环节，企业兼职教师可以起主导的作用，并根据学校教学目标与学习教学计划提供相应场地或技术支持。高校 ESP 教师与企业兼职教师在教学中的合作不要求双方的知识建构在同一层次上，二者在教学理念、知识背景等方面的差异性、互补性使得他们的教学不能完全割离，而这也正体现了 Gray 动态合作理论的本质。

四、国内院校与国外院校的合作

2003年国家颁布的《中华人民共和国中外合作办学条例》指出，中外合作办学是中国教育事业的组成部分，国家鼓励在高等教育、职业教育领域开展中外合作办学，鼓励中国高等教育机构与外国知名的高等教育机构合作办学。2010年，国家颁布的《国家中长期教育改革和发展规划纲要（2010—2020年）》提出，要进一步扩大教育开放，广泛开展国际合作与教育服务。这两个文件为中外合作开设ESP课程提供了政策上的支持。

从ESP课程的起源来看，ESP这一概念源起于西方国家。20世纪60年代后期，Halliday（韩利德）在《语言科学和语言教学》（*The Linguistic Sciences and Language Teaching*）中提到了ESP的概念；1969年，Ewer（尤尔）和Laterre（拉特）出版了《基础科技英语教程》（*English for basic science and technology*）。因此，20世纪60年代末可以算是ESP教学的开端。自此之后，国外有关ESP的论著层出不穷，而且在国外的很多大学和教育机构中，ESP课程构成了母语为非英语者的英语课程主体，课程开发趋于丰富和立体化。从这个角度来看，国外ESP教学经验相对丰富，教学体系相对成熟。因此，我国高校有必要在教材编订、教学大纲制定、课程设置、师资培训等方面向国外ESP教学机构借鉴和学习。

虽然国外ESP教学的课程体系完善，但是我国高校绝不能照搬照抄。ESP教学的本质内容就是要满足行业发展及学生个人发展的实际需要，因此，我国高校要结合本国、本校、本行业的实际情况，制订切实可行的教学方案。

第三节 分层教学下的大学英语课程体系建设

进入21世纪，大学英语改革呼之欲出。在高考英语变革、评价手段多元化的大背景下，大学英语改革势在必行。从基础英语教育阶段的通识英语，逐渐过渡到与大学课程、专业密切相关的专门用途英语、学术英语，逐渐成为发展的主流。

一、大学英语课程教学分层现状与动因

大学英语课程体系衔接义务教育阶段的通识英语，服务于大学生日益多元的国际化需求。当前，总体来说，高中毕业生的听、说、读、写等综合应用能力有了极大的提升，具体体现在各高校的四级、六级通过率稳步提高。通识英语教育越来越不能满足高校不

断上升的语言学习的需求，英语从基础的语言学习上升到了学科工具。各高校陆续开设了专业英语教学课程，众多大学英语课堂也引入 ESP。英语教学从小众的专业英语逐渐走向受众较多的专业课程教学。

新的《大学英语课程教学要求》中，分层教学、因材施教纳入了大学英语课程的新体系。该要求明确将学术英语、专门用途英语和跨文化交际的内容写入大学英语教学的必修内容。这从理论上确定了大学英语教育区别于以往的通识基础教学。

在英语教育质的提升的内因促动及教育主管部门改革激励的外因二元作用下，各高校陆续将分级教学、专业对口列为课程体系建设的新的方向。

在具体的实践中，多数高校按照所设学院、专业分别开设若干课程，以期满足英语与专业的对接。此类方案的优点是能较容易对大学生进行自然属性的分类，较容易安排师资、教材等教学资源。此外按专业方向分类，能较好地体现学校的发展方向，保持优势学科的前瞻性，有利于学科的进步。同时，细分的原则使得学科门类齐全，促进了专业的深度发展。

二、分层教学的课程体系面临新的挑战

（一）分层教学对于师生的挑战

1. 分层教学是教育多元化的必然选择

各高校生源地区差异明显，学生的英语水平参差不齐，语言学习的动机和态度也大相径庭。根据不同的教学目标和教学效果，高校应按照学生的语言程度、学习积极性、专业发展划为类别，分别安排不同的教学内容，通过不同的教学手段传递知识与信息、输出学习的理念，使学生达到各自的学习目的，努力使学习效果最大化。

在这个过程中，学校需要按照不同的分类合理配置教学资源。在总体师资和软硬件有限的情况下，做到面面俱到有极大的困难。同时，教师针对不同的授课群体需调整之前"千篇一律"的教学手段，合理、有效地安排教学活动。这无疑加大了教师的课业负担，很容易出现备课内容成倍增加、课时零散杂乱、教学力量严重失衡等现象。

2. 对学生分层教学加大了学生之间的水平分化

原本一致的评价体系在分层教学中受到了极大的冲击。在"学与得"之间，学生面临两难。"最低要求""一般要求""更高要求"，学生面临自主选择的困境。同时，多元化的教学体系对于英语各方面水平不甚均衡的学生来说是一个巨大的困难。如何取长补短，脱颖而出，成为分层教学后学生最为关注的焦点。

此外，分层教学如何做到效率与公平的均衡，也是摆在师生面前的巨大挑战。分层

教学关注了英语学习的优势与弱势群体，有利于优势群体的拓展需求，有利于实现从通识课程向专门用途英语的转变。与此同时，地区发展不平衡、语言学习的差异性日益突出，体现在日常教学过程中，个体英语水平差异明显，各项技能发展失衡。分层教学兼顾了英语弱势群体的基本需求。在社会对英语这项基本语言技能日益重视的今天，"分层教学、因材施教"无疑是课程体系建设的亮点。与此同时，如何更加公平、合理地对学生进行客观的评价，尤其是评价两极群体的表现，这对课程体系的设定提出了较高的要求。

（二）分层教学对于高校管理者的挑战

分层教学要求高校管理者必须改变以往公共课程刻板呈现的做法。这意味着高校的管理者必须将有限的教室、师资、软硬件等资源全天候地配置到大学英语课程体系之中。一方面，这等于加大了高校管理者分配、决策的难度，要求管理者、教师、学生三方面通力配合，完成正常的教学任务；另一方面，对于大学英语教育的理念必须进行调整。在以往的课程体系中，大学英语是单向的、同质化的，师生被动接受管理者所设定的课程框架，这个过程缺少规划者与执行者之间的交流互动。分层教学课程体系要求决策者在计划伊始就要满足学生的需求，倾听教学单位的思路，解决分层教学的难题，这一过程始终是动态变化的。分层教学的成功，在很大程度上取决于管理者、教师、学生三方的通力配合。

三、课程体系的调整措施

（一）动态分层体系的建立

在大学英语课程改革的过程中，多数高校采取了灵活多样的分层体系。

首先，高校可以根据学生的英语水平，划分基础班、提高班、精英班，以满足不同受众的语言接受水平。这种体系的优点在于，可以通过传统的语言测试手段，简单、快捷地分层，师资配置也较为容易，可以最大限度地保留原有课程体系的优点，对于决策者与管理者来说也较为容易接受。

其次，高校可以按照学生的学习兴趣将英语学习的教学内容分层，分别侧重于听、说、读、写、译某一层面，促进学生语言技能的快速提升。这种分层的好处在于密切联系实际，符合学生所需，有利于学生兴趣的满足与积极性的提高。

再次，高校可以按照学科发展的趋势，将通识基础课程过渡到通识学术英语，再进一步延伸至专门本用途英语甚至是专业英语课程。这种分层的优点是符合递进式的学习特点，能够充分发挥大学英语课程工具性的功能，可以将大学英语从基础课程的限制中解放出去，做到与优势学科交叉，提升英语教师的视野范围，服务于学校教研，提升学生的国际化思维，为对外交流打下坚实的基础。

最后，高校可以按照学习习惯与授课特点的不同，将语言学习者划分为能动型、结合型和接受型等类型，辅以"以课堂为主"的传统型教学学习体系或者以自主学习、任务型等为主的学生主导型教学体系。这种分层的优势是能够对接学生的日常学习，摆脱教师个人对整个学习过程的不利影响，使学生占据主动，随机应变。

（二）分层教学课程体系的调整

在分层教学条件下，大学英语在课程体系上必须做出相应的调整。

首先，评价体系必须统一且完善。在不分层的情况下，每一个学生个体在同一课程体系下，其表现主要依据主客观的标准予以评价，这种评价手段与评价结果容易得到师生的认可。在分层教学条件下，基础、提高、拔优等课程差别应在课程体系中予以体现，做到相对的合理与公平。分层教学不意味着分别教学，各教学方向仍是一个密切相关的整体，因此在评价体系上既要体现分层的差异性，也要坚持整体的一致性，这对于课程体系的完善至关重要。

其次，分层教学课程体系必须倾听师生的诉求，尽可能保证课程体系的完备。过多的分层意味着教学资源的分流，最后的结果往往是学生达不到预期的效果，教师为了过多的课程设置疲于奔命。过少的分层意味着牺牲了相当一部分学生的学习需求，这往往会挫伤学生的积极性。大一统的授课方式已经不能满足"更高需求"的学生，使得英语方面的后进生很难迎头赶上，压力倍增。与此同时，教师也难以在快与慢、难与易、学与教之间灵活自如。

最后，分层教学课程体系必须满足国情，立足本校，不求全求新，一切以本校教学资源、师资力量、学科体系为依托，创建有本校特色的大学英语课程体系。在完成了通识英语阶段的任务后，如何衔接学术英语、通用专门英语，如何融入跨文化交际的内容，是创建新的课程体系必须解决的问题。

在《大学英语课程教学要求》"分类指导、因材施教"原则的指引下，各高校要积极完善分层教学的方案，设定符合本校的课程教学体系，深入大学英语改革，为社会培养具有"跨文化多学科"素质的有用人才。

第四节　大学英语在线课程体系的建设

传统的英语教学方式是以语法翻译为主的，主要以教师讲解和传授语言为主，学生只能被动地接受知识。这样的课堂气氛沉闷，师生互动少，学生缺乏学习动力和兴趣。

时代变迁和社会发展向学校教育提出了新的挑战——现代社会需要大批有实践能力的人才。显然，传统的教学模式已经无法满足现代社会对人才的需求。

随着信息技术的发展和在线课程的普遍开设，英语在线课程在大学逐步推广开来。这不仅符合教育教学对教学模式的改革要求，而且能够提高大学生学习英语的效率。在此过程中，在线课程的优越性逐渐凸显出来：不受时空限制、可以反复播放、方便学生随时随地学习，但这对学生自主学习能力的要求较高，即要求学生必须具备较强的自学自控能力。如何推进大学英语在线课程的建设，成为大学英语教师应该思考的问题。

一、大学英语在线课程的特点

（一）教学内容特色化

传统的教学受教学资源和教学设施的限制，教学环节较简单，教学内容缺乏个性和特色。而在线英语课程摆脱了时间和空间的限制，丰富了教学内容，教师可以根据需要自由选择教学材料，突出教学特色。在线课程的个性化教学内容能够充分满足教师差异化教学思路的需求。这样，大学英语在线课程既能缓解大学英语师资紧张的现状，又能为学生提供灵活、方便的学习条件。

（二）视、听、说一体化

在线课程既有生动、形象的课件引导学生学习，又有音频、视频等资料辅助学生理解所学知识。在线课程的多媒体化和信息化呈现方式提供了多样化的教学情境，提供了更为丰富的学习资源，最大限度地集视、听、说于一体，使表达信息的形式从听觉扩展到视觉，甚至嗅觉。

（三）全面、及时的课外辅导

在传统课堂上，教师主要通过答疑、辅导作业等方式完成辅导，一般在课中或课后进行，除不能及时解决学生对知识的疑虑外，还常使教学效果的检测滞后。而在线课程弥补了传统教学方式的不足，无论是课前、课中、课后，教师都可以让学生参与课堂练习，在充分的在线互动中进行辅导，这样将讲解教学内容和检查教学质量同时进行，有利于学生学习效果和教学效率的提高。

（四）课堂互动充足

应试教育影响下的传统英语课堂教学容量大，以教师灌输知识为主，师生间缺乏互动，且不能及时了解和掌握教学效果；学生觉得课堂枯燥乏味，没有学习的欲望。而在线英语课程作为传统教学的补充方式，通过在线交流、发邮件、论坛讨论等途径充分实现了师生互动，不仅延续了英语课堂教学的时间和内容，也方便教师对整个课堂进行监控。

二、大学英语在线课程存在的问题

虽然在信息技术的推动下，在线教学已成为各科教学的主要手段，但是，从目前的实施情况看，大学英语在线课程在推广的过程中依然存在很多问题。

（一）互联网基础设施不足

在线课程对教学设施的要求较高，受高校资金投入和学生家庭经济等因素的影响，目前很多高校的教学设施无法满足全部学生的学习需要，且不是每个家庭都能为孩子配备计算机等设备，这在一定程度上影响了在线课程的实施以及大学英语教学质量的提高。同时，由于学生人数众多，网络访问量较大，也会出现网络中断、下载缓慢等问题。互联网技术在一定程度上也会影响学生学习的积极性。

（二）教学内容欠缺

目前，在线教学的内容主要集中在专业性和商业性的语言训练方面。大学期间，英语等级考试是衡量学生英语水平的一种外语水平考试，成绩的好坏对于学生的发展有一定的影响。在线课程对四级、六级考试方面的内容讲授较少，而这恰恰是大学生最需要学习的内容。另外，目前的大学英语在线课程只能看成是教材、辅导和音频的合成体。很多在线课程只是书本内容的简单数字化，教学内容大众化，忽视了教学环节的情境设置和活动设计，严重忽视学生的个人兴趣和情感体验。在线课程的内容无法深入体现英语的学科性质和学科特点，使得最终的在线课程缺乏丰富内容。大学英语在线课程教学内容的缺失和偏差是目前亟须解决的问题之一。

（三）课堂监管不完善

与传统课堂中师生面对面的教学相比，在线教学拥有一种更为自由、灵活的状态，学生完全依靠自制力完成学习过程，教师对学生无法实施有效的监控。在大学在线课程建立中，教学督导制度是教学质量监控体系的重要组成部分。但目前大学还没有制定相关的监管办法，在线课堂缺乏有效监管，影响了大学英语在线课程的教学质量。

（四）课程建设缺乏明确的目的

目前，我国的在线课程是在国家相关政策的推动下逐步展开的，很多学校开展的在线教学仅仅是为了通过测验和考核，大多流于形式，而不是真正本着"以学生为中心，为学生发展服务"的教学理念进行的。在线课程建设的目的异化使得大学英语在线课程暴露出很多问题，课程开发扭曲了课程建设的目的和意图，如为了完成任务而开发，而非出于改革传统大学英语教学模式这一目的，这些都导致大学英语在线课程的建设并没有真正缓解传统课堂教学的压力,没有发挥出相应的作用。另外,在线课程内容重复。出于竞争的目的,校与校之间、学院之间、教师之间缺乏教学上的合作,资源共享性差,这些使得大学英语在线课程不仅在内容上出现很多重复,而且缺乏个性和创新,这是对学校网络资源极大的浪费。

(五)缺乏健全的评价与反馈系统

评价和反馈是保障英语在线课程教学质量和效率的关键手段。然而,从大学英语在线课程的实施现状来看,在线课程体系在实施的过程中缺乏健全、有效的评价和反馈系统,使得学习效果和效率无法得到保障。首先,从课程建设的评价来说,目前的大学缺乏对大学英语在线课程建设者的评价机制,没有将在线课堂的教学质量纳入具体的考核指标中,使得课程开发者没有提高质量的意识和动力。其次,从学生在线学习的效果来看,缺少具体的跟踪和记录,在课程建设的过程中忽略了学生对课程建设的意见,使得课程建设与学生实际需求相脱离,进而无法发挥英语在线课程的终极目的。

三、推动大学英语在线课程建设的措施

英语作为一门对听、说、读、写等能力要求都非常高的学科,仅靠教师的传授和讲解是不够的,高校必须为学生创设听、说、读、写活动训练的教学环境和教学设施。大学英语在线课程只有坚持以学生为中心,才能发挥具体的作用。对于如何推动大学英语在线课程的建设,笔者认为以下三点很重要:

(一)坚持以学生为中心,优化课堂结构

目前的大学英语在线课程过于注重形式结构而忽略了实质性内容。然而,实质性内容才是课堂教学最应该关注的问题。形式结构是在线课程的外部躯壳,而实质性内容真正关系是在线教学的价值观念和价值取向,是解决大学英语在线课程问题的根本所在。因此,在大学英语在线课程的建设中,高校必须注重对实质性内容进行优化设计。大学英语在线课程的安排既要加强对学生听、说、读、写能力的训练和培养,又要兼顾每个学生不同的知识接受能力;课程知识讲授的安排必须同时符合大学生身心发展的规律和英语的教育教学规律,从而逐步在在线课程实践中优化英语教学的实质性内容,利于学生充分利用在线课程提高英语学习效率和质量。

(二)提供适合大学英语在线课程发展的制度环境

学校规章制度是学校各项工作能够顺利进行的保障,如果失去制度的约束,那么整个教学工作就会变得散乱无序。大学英语在线课程之所以在实施中存在这样或那样的问

题，主要原因之一就是制度不完善。所以，要保障大学英语在线课程的顺利实施，提高在线教学质量，就必须努力健全教学制度。首先，高校要从制度上保障大学英语在线课程实施的人才、技术和设施等；其次，要相应改革和完善师生考评制度，使其与在线教学的要求相一致；最后，要在制度上保障学生对大学英语在线课程的参与权和评价权。大学的教育制度只有从以上几个方面进行改革和完善了，才有利于创造高效、完整的在线课程的实施环境。

（三）树立"以学生为本"的课程建设理念

课程建设理念是指引和支撑学校教学发展的重要因素，作为一种教学思想和教学精神融入教学工作的各个环节，直接影响大学英语教学的形式和方式。因此，大学英语教学改革必须首先确立"以学生为本"的课程建设理念，将"为学生学习和发展服务"的理念传输给课堂的教学者和管理者。这有利于为大学英语在线教学创造良好的外在教学环境；从制度和政策环境层面来讲，有利于在线教学资源向大学英语授课教学方向倾斜。管理的教学理念一旦转换成教学制度，则会对大学英语教师和互联网技术人员形成重要的外驱力。另外，大学英语课程的建设者和开发者是否能够树立这一理念，直接关系在线教学的形式和质量。所以，要想形成良好的、有利于在线课堂发展的环境，高校管理者必须树立"以学生为本"的教育理念。

综上所述，大学英语在线课程的建设是紧随教育改革步伐的。在信息技术和社会经济高速发展的今天，传统的英语教学模式已经无法适应新课改的要求，在线课程成为当下受高校欢迎的教学方式之一。新课改背景下的教师应该积极接受新事物，不断学习，提高自身素质，提高自己的教学能力。教师要认真学习英语在线教学的操作和程序，结合学生的身心发展特点合理安排教学内容，最大限度地满足学生的个性化需求，兼顾每位学生对知识的接受程度，构建良好的大学英语在线教学氛围。

本节只是笔者结合自身教学实践和经验对大学英语在线教学提出的一些意见和看法。在以后的教育教学活动中，对于在线教学还需继续开发，要创建更有利于学生学习和发展的模式。在这个过程中肯定会出现很多问题，这就需要课程建设者和开发者注重在实践中检验在线课程带来的学习效益，并不断完善和调整。

第五节 大学英语隐性课程体系建设

隐性课程是显性课程的重要补充和延伸，可以弥补显性课程在时间和空间上的不足。

建设大学英语隐性课程有利于优化语言学习环境，提高学生的学习动机，并促进英语学科建设。

一、国外的隐性课程研究

隐性课程的概念始于20世纪初。1916年，美国教育思想家杜威（Dewey）指出，学生学习的不只是正规课程，还学到了与正规课程不同的东西，他提出了"附带学习"这一概念。随后，基尔帕特里克（Kilpatrick）进一步发展了这一思想，对学习过程中自然而然产生的情感价值等进行了进一步的研究，提出了"附学习"的概念。杜威和基尔帕特里克的理论被认为是隐性课程的思想渊源。隐性课程这一概念是由美国教育学家杰克逊（Jackson）在1968年出版的《课堂生活》（*Classroom life*）中率先提出的，用来定义学校教育中存在于课程之外、对学生产生影响、但未被直接控制的教育因素。

围绕隐性课程这一概念形成了三个相关的理论流派。一是结构—功能论流派，其认为学校是学生能够学到有价值的社会规范和技能的场所，学生通过显性和隐性课程的学习达到社会化的目的。二是现象—诠释学流派，其更重视隐性课程在促进学生主体意识觉醒方面的积极作用，认为隐性课程是与个体生活有关的情感方面的学习，具有激发想象力、批判力和创造力的功能。三是社会批判理论流派其认为各种教育因素都包含着意识形态信息，体现了不同社会阶层的道德规范、行为准则和价值观念，只有对课程与教学进行变革才能实现社会的公正和人的解放。

二、国内的隐性课程研究

我国对隐性课程的研究始于20世纪80年代，初期研究以介绍性叙述为主；进入20世纪90年代，我国学者对隐性课程的概念界定、特点、功能，以及隐性课程与显性课程的关系等问题展开了激烈的探讨，出现了一些新的观点，但以理论性思考为主，注重宏观方面的研究。近些年，广大学者达成了诸多共识，如隐性课程是相对于显性课程而言的学术概念，二者对立而生，无法独立存在；隐性课程与显性课程是连续统一体，二者兼容而生，相互交织；隐性课程是显性课程的拓展与延伸，是课程内外间接的、内隐的通过受教育者非特定心理反应发生作用的教育影响因素。但目前对于隐性课程的研究仍存在着一些分歧，具体包括：隐性课程是只限于学校教育，还是包括家庭教育和社会教育；隐性课程是完全非计划性的，还是兼具计划性的；隐性课程是完全无意识的，还是兼具意识性的。

三、大学英语隐性课程体系建设的必要性

近年来，尽管我国学者对于隐性课程的研究取得了一定的成果，但研究程度和重视程度都不够。对 2000 年至 2014 年中国期刊全文数据库教育类核心期刊进行检索，结果显示，关于隐性课程的研究论文甚少，在外语核心期刊上更是少之又少。我国关于课程论的著作颇丰，但鲜有著作论及隐性课程建设，探讨外语隐性课程建设的领域更是空白。此外，目前的研究多数停留在理论探讨与假设的层面，还没有系统的实践性研究及其对结果的探讨，因此，隐性课程建设的实证研究具有重要意义。

隐性课程是显性课程的重要补充和延伸，可以在很大程度上弥补显性课程在时间和空间上的不足。目前，很多理工科院校为了给学生留出自主学习的时间和空间，大力削减了大学英语课堂教学学时。在这种情况下，大学英语隐性课程建设就更加具有现实意义。

大学英语隐性课程体系能够优化语言学习环境，为学生的语言输入和输出提供有利条件。隐性课程因其隐蔽性、渗透性、弥漫性和长效性的特点，更利于营造语言学习环境和氛围。其潜隐而无形的力量能够渗透到学校环境、文化氛围、人与人的关系、人与物的关系中，间接而隐蔽地发挥作用，使学生在不知不觉中增强语言学习意识，提高语言应用能力。

大学英语隐性课程体系能够激励学生形成融合性学习动机，促进学生的自主学习和终身学习。隐性课程关注学生的学习态度、行为、价值观和社会化取向，注重学生主体意识的觉醒。隐性课程体系的建设可以更好地开发和释放学生的创造力、智力和自律精神，有利于培养学生的自我管理意识和自主学习能力，有利于学生的终身学习。

大学英语隐性课程体系能够促进英语学科建设。对英语隐性课程建设的研究将为课程理论研究带来新的思考和观点，为进一步解决英语教育的实质性问题——培养具有英语综合素质的人才提供可借鉴的方法和途径，为扩展英语教育课程研究视野、充实英语教育课程内容、提高英语教育质量提供有效的现实依据。

四、大学英语隐性课程的分类

隐性课程的研究领域和层面复杂多变，但最具可操作性和最有现实意义的研究应该是学校教育层面的研究。因此，可以从学校教育的角度出发，将隐性课程做如下分类：

情境性英语隐性课程。这主要体现在第二课堂活动和各种社团活动中。例如，开设英语角，举办英语故事会、各类英语竞赛或学术讲座，介绍国内外各种大型的英语考试，

让学生编辑英语小报或诗集、收听英语广播、观看英语电影或电视等，旨在为学生英语综合能力的提升创设真实的语言情境。

引领性英语隐性课程。这主要体现在教师对学生课内外语言学习的指导中。其途径灵活多样，如师生互动、个别指导等。其形式丰富多彩，如项目式语言学习的开展，元认知策略的开发和学习策略的培养，观察力、思维力、想象力的培养和提升，语言学习资源的利用，自主学习的管理和评价等，以落实"以学生为中心"的教学理念，培养和提升学生的终身学习能力。

评价性英语隐性课程。这主要表现为进一步强化"过程性评价"与"终结性评价"相结合的评价方式。具体包括平时成绩的计算、自主学习活动的考核、学业水平的考核、语言运用能力的考核等，以更加科学、合理地评价学生的语言综合能力，充分调动学生的主观能动性。

五、大学英语隐性课程体系建设的研究思路和方法

高校应从大学英语显性课程个案研究出发，认真研究隐性课程的概念、意义、构建模式和指标体系等；通过显性课程的开发和建设，系统地构建大学英语隐性课程体系，使其以间接、内隐和潜移默化的方式对学生的语言学习、情感和价值观产生引导和激励作用；同时，将显性课程与隐性课程进行协调规划，使其优势互补，进而创造最佳的英语学习环境，在提高学生英语综合能力的同时，推动学生自主学习能力和批判性思维能力的提升。

具体研究可分为三个阶段。第一阶段为自然观察与个案研究阶段。从描写语言学的角度出发，通过对影响英语教育质量显性因素的直接观察、参与性观察和个案研究，对其中的隐性因素进行归纳、分类和综合，构建大学英语隐性课程的概念体系。第二阶段为隐性课程动态研究阶段，重点放在隐性课程个案分析上。对隐性课程个案的效用评价可采用准实验前测—后测控制组设计法。第三阶段为大学英语隐性课程体系和范式研究阶段，旨在建立系统的隐性课程体系，从而提高大学英语教学质量。

第六节 应用型大学英语口语课程体系建设

近年来，随着我国高等教育的不断改革，人才培养模式也发生了变化，开始由注重学术型的精英人才向重实践、重应用、轻理论的人才培养目标发展，应用型人才的培养

是适应社会发展需要的必然趋势。大学英语教学在我国高等教育中起着举足轻重的作用，英语口语能力不仅是衡量人才能力大小的重要依据，更是各学科未来发展的必要基础。但是，在现在的英语口语课程体系建设中，学生无法真正用口语交流。在培养应用型人才的大学中，学生的口语能力可以直接反映大学的整体教育状况，因此加大应用型大学英语口语课程体系的建设与实践是应用型大学适应社会发展需求的必然趋势。

一、我国应用型大学英语口语课程体系的现状及存在的问题

受高校扩招的影响，我国应用型大学学生英语的整体素质有所下降，在英语教学的课程体系设置上缺乏创新性，不能很好地体现应用型大学的本质和整体素质，特别是英语口语在课程体系设置上存在诸多问题。

（一）教学目标不明确

我国应用型大学英语的目标定位不能很好地体现"学以致用"的思想内涵。受传统应试教育的影响，在应用型大学英语的教学理念中，学生仍然不能很好地成为学习的主导者。在课堂上，学生缺乏英语口语实践训练和听力训练，导致学生的英语口语能力无法提升。在考核标准定位上，大部分分数以笔试分数为主，以致学生从内心忽视了英语口语的重要性。应用型大学有明确的目标定位，培养应用型人才的目标也是大学英语教学的目标，学生的英语口语能力可以间接地反映应用型大学的教学能力。很多高校在口语课程体系建设上缺乏创新性，教师的教学方法千篇一律，如小组讨论、讲授单词、语法和复述等，这些教学方法多数是学生厌烦的。因此，在大学英语的课堂教学中，教师应该注重学以致用的深刻理念，让每一位学生都能成为学习的主导者。

（二）教学方法缺乏创新性和实践性

应用型大学应该以培养学生的实践性、应用性，结合社会的生产发展、学生爱好和关注热点为目标，但应用型大学英语口语的教学方法很难培养学生的英语思维模式，也很难提高学生的英语交际能力和沟通能力。应用型大学英语教学模式无法为学生创造真实的语言环境；课堂内容以小组讨论为主，缺乏师生训练与外国友人的实践性训练。受传统教学内容的影响，大学英语一直是非英语专业的必修课程，大学英语教学主要是培养学生的基础知识，无法体现应用型大学的实践性和应用性。随着我国教育的快速发展，多数大学生在小学就接触到了英语课程，经过初中和高中的积累与实践，多数大学生已经很好地掌握了英语的基础知识，因此应用型大学应该更注重提升大学生英语口语的技能，针对不同级别的学生进行分层教育，一方面可以让不同级别的学生根据自己的英语能力选择适合自己发展的英语环境；另一方面可以缓解因学校分快班和慢班带给学生的

压力。应用型大学的本质是能够为社会培养具有实践性和应用型的人才，但在英语口语的课程体系中，学生缺乏与外国友人的沟通，无法真正检测自己的英语口语能力。

（三）英语口语评估体系不完善

英语作为一门语言学科，在社会实践中更加注重听和说的重要性，在应用型大学英语口语测试过程中，考试测试简单化，不能很好地展示学生的真实英语口语水平。英语口语是学生思想表达和进行交际的重要依据，一直以来，英语口语测试都是英语测试的重要环节，同时也是测试最难的部分，如测试时间，要想真正测试一个人的英语口语表达能力，每个人至少花费20分钟，而全部学生一起测试的时间是学校和老师无法给予的，因此应用型大学的口语测试必须有一套完整的英语口语评估体系。受传统笔试教育的影响，口语测试一直未能被英语学习者重视。口语测试是语言学习不可或缺的组成部分，但在现存的考试制度中，口语测试的比重仅占整个英语测试的小部分。换句话说，在应用型大学中，英语口语测试仍然未被重视，口语测试不全面，缺乏独立性和创造性，无法检测出学生英语口语的真正实力，并且，应用型大学缺少相关专业的口语测试体系，导致学生无法将所学知识运用到未来从事的专业中。

（四）缺乏自助学习平台

随着网络的不断发展，互联网知识已被应用到各个领域中，但应用型大学的英语口语学习仍然缺少相关的英语学习自主平台；在英语教学中，缺少多媒体技术与互联网知识相结合的平台，教学内容枯燥，学生在上课期间只是单纯地听教师讲课，整个课堂很少有交流，久而久之，学生就会对英语产生厌烦心理。在课下，由于学校缺少网络自助平台或网络平台有限，导致学生无法利用课余时间进行英语口语训练。

二、应用型大学英语口语课程体系的建设与实践

口语是语言学习的重要内容，英语口语直接反映学生的英语实践能力，同时也揭露了应用型大学的整体实力，因此，加强应用型大学英语口语课程体系的建设与实践是发展英语口语能力的必由之路。

（一）明确教学目标，优化教学内容

近年来，随着应用型大学的出现，国家教育机构更加重视大学生实践能力的培养，英语作为各学科长远发展的重要基础，发挥着不可忽视的作用。应用型大学英语口语的学习应该充分做到以学生为主体，加强学生的口语训练，不能过于注重理论知识，可以积极组织英语实践能力大赛，邀请外国友人参与比赛，这样既能增加学生的积极性，又

能在交际中提高学生的英语口语能力。在课堂上,应做到以学生为主导,教师只是参与者和辅导者,所有时间都应用在积极锻炼学生的口语对话能力上。不仅如此,还可以邀请外教进行英语教学,在教学内容上,展现应用型大学的本质,勇于摒弃旧的教学理念和教学内容,创造新的教学方式和教学内容,加强学生的英语口语训练,提升学生的口语水平。

(二)引进先进教学方法,培养口语水平

传统的教学方法过于单调,无法吸引学生的积极性,英语口语学习应该积极引进先进的教学方法,提高学生的口语能力。在教学方式上,可以设立"外教英语口语"模块,通过外教老师的讲解,一方面激起学生的听、说兴趣;另一方面通过外教老师对英语知识的解读,改善学生的口语发音技巧,提高学生的英语学习效率。

(三)建立完善的口语评估体系

以培养应用型、实践性为教学理念的应用型大学,在英语学习过程中应该建立完善的英语口语课程评估体系。英语口语课程评估体系的建设是学生完成大学英语学习的保障。英语口语建设与实践是一个复杂的过程,需要教师拥有丰富经验,还需要学生积极配合,应结合本专业的就业情况,建立一套适合学生工作和生活的课程体系。

(四)建立自助学习平台,完善口语体系建设

建立英语口语自助平台是学生口语能力培养的辅助和延伸。应用型学校应该以培养学生的实践能力为目标。英语口语自助平台可以帮助学生在课余时间提高英语口语水平和学习技巧,可以帮助学生有效地提高英语学习交际水平和英语沟通能力。

本节从英语口语课程体系建设角度出发,分析了我国应用型大学英语口语的现状和存在问题,重点从教学目标、教学方法、课程体系建设和英语口语自助平台方面探究了如何构建英语口语课程体系。

第四章　应用型人才导向下英语文学与语言的关系

第一节　英语文学中的语言艺术研究

语言是文学作品重要的表现形式，不仅能拉近文学作品与读者心灵之间的距离，还能在很大的程度上帮助读者更好地理解文学作品的深刻内涵。读者通过研究一部英语文学作品的语言艺术，能更加透彻地掌握文学作品的中心内容。很多文学作品之所以能闻名全世界，在很大的程度上与其语言艺术具有密不可分的关系。语言艺术不是一个单一的概念，而是包含了几个方面的内容，对语言艺术进行深度研究能对英语作品进行更具深度的剖析，对研究英语文学具有非常重要的意义。

形象性作为最基础的语言艺术是文学作品的一个基本特点，不仅展现了一定的抽象性，还展现了一定的具体性。读者尽管能从文学的角度对文学作品的抽象性进行剖析，但是又无法真正地感受到。在每一部文学作品中，作者都会创造一个具有代表性的人物。这个人物一定要具有一定的形象性才能很好地引导故事朝着一定的方向发展。通过形象人物的设置，作品可以反映作者所处时代存在的矛盾或者表达作者心中的情感。

情感是一部英语作品的内涵，语言是其表现形式。作者通过运用不同的语言展现内心的情感。情感表达是语言艺术在文学作品中的一种载体，能在很大程度上将作者心中的想法充分表达出来。作者表达不同的情感应该运用不同类型的语言。从作品内涵的角度来看，每一部文学作品都能展现一定的情感。情感性的特点是研究语言艺术的重要内容。

不同的英语文学作品都可以用不同的生动性语言渲染不一样的阅读氛围，从而给读者带来不一样的阅读体验。从分析英语文学作品的角度来看，英语文学作品的生动性主要是一种虚拟世界，读者通过阅读进入作者创设的生动的世界中，尽管并未真实见到作品中所描写的人物和事物，却仿佛已经与作品中的人物身处同一个空间，从而产生更加真实的阅读感受。语言不仅是想法表达的主要载体，也是一种艺术交流的表现形式。作者运用具有生动性的语言将自己内心中的人物和景物描写出来，通过生动的语言将读者带入作品中。

含蓄性在很多的文学作品当中都有一定的体现，文学作品的含蓄性与人们认知中的含义可能存在一些不同之处。这里的含蓄性主要指的是作者在作品中会使用一些带有隐喻色彩的语言，并不将所有的内容都描写清楚，而是为读者留出一定的思考空间，通过这样的写作方式使读者在阅读的过程中产生一些思考，从而从不同的角度理解文学作品。很多英语作者在其文学作品中都会用一些比较笼统的语言来表达对事物的看法，看似有所描述，实际上却留下无限的思考空间，启发读者在阅读之后能静下心来仔细回味和思考，以发现作者隐藏在字里行间的情感。例如，在海明威的《老人与海》这部作品中，作者运用了大量的含蓄语言来描写老人的性格，有的读者将老人的形象想象成正义的化身，将鲨鱼的形象想象成恶势力的化身等。作者并没有在作品中直接描写人物和动物都代表了什么，而是引导读者充分发挥自己的想象来体会。

综上所述，语言艺术是存在于每一部文学作品中的灵魂，对英语作品中的语言艺术进行深度剖析能帮助读者更好地理解作品的含义，从而获得不一样的阅读体验。本节从形象性、情感性、生动性和含蓄性这四个方面对英语作品的语言艺术进行了简单的分析，希望能为相关学者以及英语文学作品的读者提供更多的参考价值和阅读启发。

对于文学作品来说，每一种文学作品都是作者思维的具体再现，也是对一定地域及一定民族的文化和风俗的具体反映。在文学作品中，作者通过一定的语言艺术来达到对文学作品主人公的塑造以及对主题思想的表达，并且使文学作品在一定程度上具有很高的文学价值。当然，英语文学作品在一定程度上形成了独特的风格。

文学语言是塑造文学形象、表达作品主题的工具。语言是交际的工具。文学语言具有语言作为社会交际工具的一般性质与作用。英语文学作品的语言艺术极其丰富，能够极大地提高学生的审美能力。英语蕴含着丰富的文化，包含着很多英语文化底蕴。通过对英语文学作品进行学习，准确把握英语文学作品的语言艺术，不仅能够提升读者的英语文学素养，还能使读者的精神世界得到升华。语言是人与人交流的重要工具，是国家文化的载体，是人类文明的重要体现。在14世纪至16世纪，英语文学出现，对智慧知识、人文精神进行了宣扬，激励不少文人不断革新创作。语言艺术作为一种表现手法，能够充分反映文学作品要表达的内涵和情感。每一部文学作品都反映出民族地域的文化和风俗，是作者思想的表达。

文学作品之所以产生魅力吸引，一个重要原因在于其创设的虚构世界，产生了多种戏剧性事情的可能性,并以艺术叙述、语言渲染、人物打造、思想冲击,来实现读者需要感受的快乐、悲伤等多种情感。文学作品以文字形式承托起作者的思维批判、情感寄托、分享快乐、体现价值等。因此,文学语言具有的意象性是其基本特征。在19世纪的意象派主义作家中,庞德是一名领军作家。意象派以意象为研究,主要通过至简的意象寄托感情,或是直接传达简单美学。意象派的诗歌创作强调单一意象、用词简洁有力、有音乐感韵律节奏,与对语言艺术的挖掘紧密相关。著名诗歌《西风颂》是英国诗人雪莱的名作,"冬天来了,春天还会远吗?"对一代代处于黑暗中的人们起到了巨大的激励作用。在该诗中,雪莱描写了西风吹过的山川、大海,西风掠过时万物的模样,让读者感受到作者对自由的向往。西风作为意象,是自由的化身,既代表摧毁腐朽势力,也代表光明和未来。

英语语言的生动性,简单说就是以语言艺术的力量使文学作品更加生动与传神,能把一切虚构的东西写得活灵活现,使读者感到身临其境。对于生动性的描述,英国作家查尔斯·狄更斯就是很著名的,他在名著《雾都孤儿》中刻画了奥利弗、费金、布朗洛、梅丽等众多栩栩如生的人物形象。狄更斯以出色的语言使得每个人物角色都呈现鲜明的特点,对他们的衣物服饰、外貌和场景精心安排,塑造的人物极其完美,小说极富张力。文学语言呈现让人惊艳的艺术魅力,既朴实无华,又意境丰盈充满,还饱含哲理。通过阅读,读者能从生动的文学语言中感受到不同性格的人物特点,感受到整个社会的风气风貌。除人物形象刻画外,对背景刻画出色的有美国作家福克纳,其创作的《献给艾米丽小姐的玫瑰》《喧嚣与骚动》等名著,对背景中小城的风貌、风俗习惯、地理特征等都做了精致的描绘。马克·吐温的《汤姆索亚历险记》和《哈克历险记》是以本土主义来表现地方色彩性,描绘出一座独具背景的小城,以独特的特点、人文习俗、社会风貌构造独特的背景,推进文学作品的充分发展,充分展现了语言的艺术。

文学作品的写作主要就是体现作者的情感,无论是快乐、悲伤、忧愁,还是悲情、空洞、虚无,都是作者以特殊的文学语言为载体来实现的,可以说,没有不带感情色彩的文学语言存在,也没有任何一部英语文学作品是带有作者感情寄托的。文学语言的情感性是语言艺术研究的一个重点方面,特别是在荒诞派的主要作品中得以淋漓尽致地体现。托马斯·格雷作为感伤主义先驱,在《乡村教堂内的挽歌》这部作品中,以怀古伤今的文字语言来寄托诗人内心的情感,体现了一种虚无与空洞的情感倾向。《小镇畸人》是美国作家安德森的作品,作者以精神病人的角度来观察整个小镇的生活状态,展现了整个小镇的混乱;以杂乱的文字展开讽刺,展示了小镇居民对爱与被爱的向往。弥尔顿所作的《失乐园》充分表达了对上帝存在的质疑,沃兹华斯的《独自云端漫步游》表达了对大自然的由衷热爱，济慈的《夜莺颂》表达了对真、善、美的追求。惠特曼作为美国诗歌之父，其《草叶集》表达了追求自我、自由平等。综上所述，文学语言充分寄托了作者的情感。

艺术来源于生活，又高于生活。英语文学是作者将自己所处的时代和自己的生活以思维创造呈现出来的新作品。在这个展现的过程中，作者需要灵活运用一定的语言艺术对作品内容进行加工处理，从而使作品的思想主旨以及作者想要表达的中心思想得到最好的阐述；也正是因为这些高超的语言艺术手法，才使得作品的文学价值得到升华。

在日常对英语的学习中，学生学习的往往都是英语的读音、单词、句子、语法等内容，很少会对英语文学进行相应的研究，而对于英语文学的语言艺术更是缺乏了解。但是，对于英语读音、单词、句子、语法等内容的学习和了解只是英语学习的基础阶段，学生要想对英语进行更深入的了解和学习，就离不开对英语文学进行深入赏析；而要想英语文学进行深入赏析，就必须了解英语文学的各种语言艺术。文学是一种高于一般语言的表达形式，文学的出现代表着一种语言正处于不断发展，甚至走向成熟的阶段。文学涉及的不只是文字的表达，更是融入了对于作品所处背景的深刻把握和分析，以及作者丰富的思想情感。笔者结合对于英语文学研究的多年经验，在语言艺术研究方面给出了一些个人见解。对于英语文学的语言艺术进行研究，是一个十分庞大的系统工程，原因有两点。一是英语文学的语言艺术涉及的范围非常广，它和英语语言国家的历史文化的习俗特点、地域背景等都有非常深刻的联系，读者在研究英语文学的语言艺术时，必须把这些历史背景、地域特点等结合起来一起进行研究。二是英语文学的语言艺术多种多样，种类繁多，读者需要对它们进行分类，并进行系统化的研究，而这些语言艺术之间，又往往有区别和联系。

文学作品的语言自然与普通的语言是不一样的，是为文学作品服务的，自然要彰显文学作品的特点，表达该文学作品所表达的情感态度，或者体现对伟大人物的赞扬，或者表达对历史发展的批判，或者表现对爱情的赞歌，或者抒发作者的伤感和不得志，这些东西都需要通过语言艺术来体现。

文学作品之所以能够吸引人们的关注，获得人们的喜爱，最主要的原因是它们来源于生活实际，却又能够超越生活。作者在自己的文学世界中创设出各种虚构的情景和引人入胜的情节。在文学作品中，从来不存在什么可能与不可能，无论在读者看来多么富有戏剧性的情节都可能会发生。作者会对生活中的细微的小事进行夸张或扩大，从而产生戏剧性的效果，通过利用英语的语言艺术对于背景进行描述，对情感进行渲染，塑造出一个个特点鲜明的角色，把是非黑白分隔得非常明显，把自己的褒贬态度表现得淋漓尽致。文学语言的意向性是文学语言最基本的特征,当然,英语文学也不例外。英语文学的语言艺术的意象性表现为,它是既抽象又具体的,它描述的事物有时虽然存在,但是读者却感受不到,或者读者能感受得到,但这些事物却并不真实存在。每一部英语文学作品都是通过塑造一个具体的形象鲜明的人物,通过这个人物鲜明的性格特征,来反映作者内心的情感特征或者是整个时代的人所面对的共性问题,或者是情感追求。

在人们的理解中,意象是一种类比的表达方式。这种语言艺术能够充分抓住主客体之间的细微联系,表现出文学世界与现实生活的区别和联系。语言艺术以客观实际打造文学世界,又以文学世界反映客观实际。在英语文学中,作者以音象的手法表达内在,尤其是在英语诗歌文学中。意象派是存在于1909年至1917年的一个文学流派。在这一时期,一些英美诗人发起并付诸实践的文学运动主要是音象主义运动。它反对发表议论和感叹。意象派的产生最初是对当时诗坛文风的一种反驳,埃兹拉·庞德便是其代表人物之一。他的作品主题鲜明,含蓄凝练,初看起来,只有两行,如日本俳句式的诗句,却是诗人偶得的印象在主观与客观之间反复提炼,苦思一年之后,最初三十行加工成了这简短的两行,可以说是字字经典。

语言艺术的生动性具体是指通过作者对语言艺术的运用,给文学作品或者文学作品中的人物形象以独特的生命特征。一个好的文学作者可以使自己在作品中塑造的形象活跃起来,让读者看到的不只是一堆死板的文字,而是一个可以在脑子中浮现出来的生动的人物;通过对作品中塑造的人物形象进行外貌特点、性格特点的描述,使读者看到这个人物丰富的内心世界,甚至能够让读者在阅读文学作品时,产生一种身临其境,自己参与其中,与故事中的主人公做着一样的事情的感觉。这便是语言艺术的生动性的最具体的写照。在文学作品中,作者运用语言艺术的生动性,能够使读者产生独特的感觉,有利于读者理解文学作品。

美国现代派诗歌的代表诗人威廉·卡洛斯·威廉斯在《地狱里的科勒》中,诗坛中最杰出的几位诗人友——伊兹拉·庞德、华莱士·史蒂文斯、艾略特,试图与他们,特别是艾略特,划清界限。威廉斯倾向于以日常生活题材入诗,坚持实用主义的反理性和反智性倾向。诗歌的形式简洁、节奏口语化、意象生动,并强调视觉效果。威廉斯在名作《一辆红色手推车》中赋予平凡、朴素的事物以深远的诗意,拓展了诗歌写作题材,并具有独特的审美意蕴。威廉斯一直追求为了生动性而生动性,把自己作品的生动性作为最大追求,力求留给读者最好的阅读体验和想象空间。

含蓄性,通俗来讲就是不把话说得特别明白,给读者留下丰富的想象空间。在英语文学中,作者要用少量、有限的语言去表达丰富的、无限的内涵。文学作品的作者追求的是一种言有尽而意无穷的境界，通过短短的几句话引发读者无限的想象和思考，使读者回味无穷。作者通过短短的几句话委婉地表达自己的情感和见解，往往比那些把话说得清清楚楚，把情节、背景、人物交代得明明白白的文学作品更受读者的欢迎。

每一篇文学作品的创作都是为了表达作者独特的情感，或者表达对于社会的批判，或者分享悲伤或欢乐，或者灵动煽情，或者寂寞虚无，通过对世间百态的描述来表达自己的内心情感。这些隐藏在作品中的深层次的东西，主要是靠语言艺术的情感性体现出来的。对于读者来说，阅读文学作品最主要的也是体会它里面所蕴含的丰富的思想情感。那些情感能够对读者起到激励作用，丰富和强大读者的内心世界。

对于语言艺术的情感性，表现最深刻的便是英文诗歌作品和荒诞派。例如，托马斯·格雷作为荒诞派感伤主义先驱，在他的代表作《乡村教堂内的挽歌》，那些看似没有意义的怀古伤今的文字，可以使读者从中体会到一种虚无和空洞的情感境界；再有美国作家安德森的《小镇畸人》这篇小说，它从一个精神病人的角度来观察整个小镇，文中语言不区分大小写，对标点符号胡乱地进行省略等现象，都在语言艺术上表现了这个小镇的混乱和无助的情感。此外，马克·吐温的《哈克贝利·芬历险记》、雪莱的《西风颂》等。虽然这些诗人的日常生活都是非常平淡的，但是他们将情感寄托在诗歌中，并且使用语言艺术表达出来，通过富有情感的语言表现自己对于生活的态度和情感，非常恰当地诠释了文学艺术情感性的特点。

英语文学的语言艺术是使英语文学能够广为流传的主要原因之一，在对英语文学进行研究时，应该将语言艺术放在首位。语言文字是作者表达情感和思想的主要方式，研究语言艺术有利于读者更好地了解英语文学的设计和构思，更好地理解作者刻画出的人物形象和要表达的思想情感。从语言艺术的意向性、生动性、含蓄性、情感性等四个方面对语言艺术进行深刻理解是非常有必要的。

意象性、生动性、含蓄性、情感性往往相互联系，在英语文学中会一起体现出来，而不是单独存在着的。语言是人类进入文明时代的标志，是丰富多彩的，而英语文学中的语言艺术更是如此，丰富的语言艺术对于表现英语文学的号召力和影响力非常重要。

在生活中，人们可以通过语言交流的方式拉近距离。读者要想深入理解英语文学作品的内涵，首先就要理解英语的语言艺术，才能把握作者的情感走向。在英语文学作品中，语言的特征非常明显，可以彰显人物的个性，将主人公复杂的情绪描写得淋漓尽致。在英语学习中，最初是对于语言的学习，如音标、单词、短语和句子等，后期学习是对文章进行整体性的把握，这些都只是对文章初步的把握。对文学的理解不仅仅是简单的对字面意思进行理解，也只有在了解文字、词汇等语言背景的基础上，才能把握作者的情感走向，才能了解作者想要表达的深层次的意思。在进行英语文学的研究，研究人员无法在短期内实现一个很大的突破，也不能只采用一句话去概括，但是，这并不意味着英语文学杂乱无章。其也展现出语言的特征。

形象性语言在文学作品中是一个基础，是一个抽象的概念。但是，具体到某个作品中，读者又能具体感受到语言的形象性。任何的文学作品在进行人物形象刻画时，都是借助形象性来对社会或者人物内心的矛盾进行烘托的。在莎士比亚的《哈姆雷特》中，哈姆雷特是丹麦国王的儿子，其身份非常高贵，性格非常善良，并且接受了很好的教育，是美好的象征。但是，他的父亲被陷害，他的叔父夺取了王位，母亲改嫁，这让哈姆雷特发生了很大的改变，走上了一条复仇的道路。哈姆雷特自身的性格也是导致悲剧产生的重要原因，哈姆雷特不是一个行动主义者，而是一个典型的思想巨人。莎士比亚通过生动形象的人物描写，将一个高贵的王子展现在读者面前，带给读者美好的畅想，与后来的复仇者形成了鲜明的对比，使读者仿佛亲身经历了哈姆雷特的人生变故。

在文学作品的表现中，情感是内在表现。作者运用语言艺术，可以将作品的情感走向展现出来，具有色彩的语言和句子可以将作者内心的情绪淋漓尽致地宣泄出来。在文字作品的创作中，作者运用语言可以细致地刻画人物的内心活动。在《哈姆雷特》中，主人公面对母亲的改嫁、叔父的篡位，其内心已经走向了崩溃，产生了浓烈的复仇情怀。哈姆雷特说："My destiny is shouting, making every tiny soul of my whole body beat."（"我的命运在呐喊，使我全身每一根细微的灵魂都在跳动。"）莎士比亚通过这个生动的句子描绘，将主人公的仇恨淋漓尽致地书写出来，表达了哈姆雷特急于复仇的想法。在英语文学中，语言性感性可以表现人物复杂的情绪，使读者更好地理解主人公的思想，与主人公产生共鸣，拉近作者和读者之间的距离，使文章的主旨得到升华。

在文学作品中，生动形象的语言可以使读者产生不同的感觉。在英语文学中，语言可以非常生动和简洁，简单的语言可以表达复杂的内容，使读者有身临其境之感。语言是一门交流的艺术，作者通过生动的语言刻画，可以将头脑中的人物形象活灵活现地展现在人们面前，使读者感受到人物和场景的真实性，引发读者的思考。

《欧也妮·葛朗台》这部小说被称作"最出色的画幅之一"。法国作家巴尔扎克借助生动的语言，将商人葛朗台自私、贪婪的本性刻画得非常生动。在小说中，葛朗台在面对金钱的诱惑时，成为一具行尸走肉。"He knows how to catch his prey, and at the same time open his big mouth and swallow more money."（他知道如何把猎物抓住，同时张开钱袋的大嘴，吞进更多的金钱。）

作者在这里采用了比喻的手法，将葛朗台比喻成一条贪吃的蛇，能够将吃到的东西快速消化，非常生动形象。

含蓄指的是在文学作品的创作中，不应使用特别直接的语言，是要给读者留有一定的悬念和想象的空间。在英语文学中，作者经常采用有限的文字来表达无限的内涵，使读者感受到无穷无尽的内涵。读者在读后可以静下心来，对文章的内涵进行回味，会发现在语言的表象下还有更加深刻的内涵可以挖掘。语言的含蓄性也是英语文学的魅力之一。

意向性是心灵代表，以及呈现事物、属性或状态的能力，简单说就是一种类比表达方式。广泛流传的著名文学作品之所以能够被世人喜爱和珍藏，都源于读者被作者虚构世界中的人物、情节、心理活动描写等深深吸引或产生共鸣。任何戏剧性的情节都可以在作者创设的虚构世界里发生，读者通过作者生动形象的语言艺术来理解作品中的环境、时代特色、人物性格和心理活动等，甚至可以深刻感受到作品中人物的喜怒哀乐、历史背景、政治时事和某种社会现象。作者通过语言艺术塑造一个鲜活的代表人物，或创设一段夸张的故事情节来表达自己的内心情感、向往和愿望，进而反映某个时代的突出问题或时代特征。"If winter comes, can spring be far behind？"（冬天来了，春天还会远吗？）是雪莱著名代表作品《西风颂》("Ode to the West Wind")中的经典诗句，深刻表达了作者对自由生活的向往和追求，更激励了中外无数在困境中挣扎的人。雪莱运用类比的意向写法，以横扫枯叶的"西风"代替了作者对自由的热切渴盼和坚定追求O wild West Wind, thou breath of Autumn's being, Thou, from whose unseen presence the leaves dead.（啊，狂野的西风啊，你是秋天的气息，你是那无形的存在，让树叶死去。）

《欧也妮·葛朗台》中有这样一段生动描写："He knows how to lie, squat, stare half then pounce on their prey, open purse, swallowed the piles of gold, then quietly lying down, like a stuffed snake, quietly, quietly, slowly digest the eat into the belly."（他知道怎样捕获猎物，同时张开钱袋般的大嘴，吞进更多的钱。）巴尔扎克在刻画葛朗台时，将其比喻成一条贪婪、阴险的毒蛇，张开大嘴永不满足地吞食大量的金钱。巴尔扎克运用生动形象的文字语言，让贪婪、吝啬、阴险的葛朗台鲜活地跃然纸上。

含蓄地表达作品的主题思想、人物性格等是英语文学作品中的一个显著特点。"语忌直而贵曲"是很多作者在文学作品中间接表达自己情感和愿望时常用的写法，读者通过精简的文字可以体会到文学作品深刻的内涵。美国著名作家海明威的经典作品《老人与海》中"he took hold of one foot gently and held it until the boy woke."（他轻柔地握住男孩一只脚，直到男孩醒来。）这段描写文字并不多，但通过老人"轻柔"的动作，含蓄地让读者体会到老人对男孩的关爱和温情。

以上三种英语文学语言特点，在众多经典文学作品中并不是单一表现的，而是相互交融、相互支撑的。语言艺术不仅可以丰富英语文学作品的色彩，还承载着作品的主旨、作者的情感、读者的欣赏感受。因此，研究并学习英语文学语言的特点对研究英语文学具有非常重要的意义。

无论在现实生活中还是英语文学作品中，语言都是一种情感的展现、文化的载体，人类社会正是因为有了语言，才进入了文明时代。英语文学中语言艺术是作者情感的传递，是内在的思想灵魂。读者读一篇英语文学作品不应只读一遍或者看一下，而应通过作者在语言方面使用的艺术手法，发现并理解作者的内心深处到底要表达什么。由此可见，理解语言艺术对赏析英语文学有着重要作用。

第二节　正确认识英语文学翻译中的文化差异

随着时代的发展，汉英文化差异逐渐受到人们的重视。对此，译者提出了用保留相同的部分、淡化不相容部分的方式来促进中英文化的交流。这一点表现在翻译中，就是既尊重对方文化，又保留本民族个性，正确处理两者之间的文化差异，翻译符合中英文化的作品。

一、通过对文学体裁的分析，正确处理文化差异

不同体裁的英语翻译有不同的特点和表现形式，译者在翻译时要注意这种差异，并根据个体差异选择合适的翻译手法。由于汉英文学作品在写作手法上有所差异，因此中文译者在正式翻译前应该先对英语语言文化有所了解，力求最大限度地尊重原著作者的写作思想，提高翻译质量。

英语文学体裁主要有小说、诗歌、散文、科技应用文。小说、诗歌、散文是包含作者个人思想较浓烈的几类作品，一般与作者所处的历史时代、文化信仰和个人遭遇有很大关系，这就意味着这些作品包含的文化背景较复杂。这要求译者在对此类读物进行翻译时要对作者所处时代有一个大致了解，并在揣摩作者个人情怀的基础上进行翻译，尽量将作者所要表达的思想用中文表达出来，在尊重原文的基础上，使文章能被中国读者所接受，提高文章的可读性。

在科技应用文方面，译者在翻译时应该把握以下重点：第一，在对原文进行理解分析的时候，要先找出对英国文化的描述；第二，将中国相应文化与之进行比较，分析其

中的不同；第三，在理解对方文化差异的基础上，运用相应的汉语环境加以描述，使之符合中国读者的阅读习惯。相比于前面的诗歌、散文的翻译而言，科技应用文涉及的文化背景较少，翻译难度会下降很多，因此，译者在对它的翻译中可以更侧重对专业词汇的准确把握，保证翻译质量。

英语翻译简单来讲就是将英语读物换成中文表达出来，可以让中国读者理解。这句话看似简单，真正想要做好却不容易。因为汉语文化与英语文化存在较大差异，所以，译者在翻译时不能死守单词的固定翻译，而是要灵活运用语言，使双方文化处于动态对等中，使文章表达更符合双方文化环境。

动态对等，即指在翻译具有较强本土文化思想的内容时，不必遵循死板的直译原则，而是根据双方的具体语言文化，灵活地将对方文化转化成中国读者可以理解的语言文字，这样，就可以避免直译带来的"不知所云"的境地了，比如汉语中的"众人拾柴火焰高"若直译，可能连中国人自己也会觉得好；如果考虑美国的文化，就可以翻译成"Many hands make light work"，这样就好理解多了。不同的语言文化的形成有其特有的历史条件，我们可能不理解这种文化，但必须尊重这种差异，只有这样才更有利于双方文化的交流。例如，在"胆小如鼠"的翻译中，汉译英是"as timid as a rabbit"。在中国人的认知中，老鼠总是畏畏缩缩、躲躲藏藏的，所以用它指代胆小的人；而在美国的文化中，兔子才是胆小的代名词，这就是文化的差异，为什么呢？笔者个人认为可能是美国有太多的长耳兔的关系，就好像我国早些年每家都会有老鼠。当然，这是说笑了。

"动态对等"可以从四个方面来说：

（1）词汇对等，这里侧重指英语单个单词的意思要一个个翻译出来，不能偷漏单词，造成意思的不完整，以保证文章意思的准确性，提高翻译质量。

（2）句法对等，不同于上面的单词直译，指可以用直译或者意译的方法完整地表达出句子的意思，并保证中文和英文同一个句子所使用的句式有同样的作用。

（3）篇章对等，指在翻译过程中，要按照原文顺序进行翻译，不能自行改变篇章前后顺序，保证中文和英文读本一一对应。

（4）文体对等，就是说在翻译时要使翻译后的读本和原文保持相同的体裁，例如小说不能翻译成散文，还是要翻译成小说。

翻译英语会运用很多理念，其中异化和归元运用得相对较多。异化，在英语翻译理念中表现为对翻译原文内容最大限度地保留，其核心是把原作的本土文化作为最终的归宿。在这种理念下的佼佼者是美国的翻译家劳伦斯·韦努蒂（Lawrence Venuti）。举例来说明这种理念，借用中国的经典作品《红楼梦》，它在被翻译成英译本的时候，大量运用了异化理论，使翻译本充满了浓浓的中国风。例如，文中的"真是天有不测风云，人有旦夕祸福"，在英语中是这样写的："Truly, storms gather without warning in nature, and bad luck befalls men overnight."

不同于异化理念，归化理念旨在将翻译本最大限度地靠向翻译方，其核心以最终译文的文化背景为着落点，重点考虑怎样翻译才能更为读者所了解。这一理论的运用会使翻译的作品更适合读者理解。不管是异化还是归化，译者都要做到尊重原著文化背景，在合适的方向上加以人工润色，而不能改变作者的思想内容。只有这样，翻译出来的作品才更具可读性。

在实际翻译过程中，译者时常会遇到这样的矛盾：是原封不动地直译原著还是加以自己的理解再加工呢？这其实是要考虑实际的翻译体裁的，比如科技应用文大多是对专业问题的描述，一般不会有需要译者创作的地方。而诗歌、小说是作者包含了强烈个人情感的情绪倾诉，在文中出现的很多物像本身没有多大具体意思，只是用来表达作者某一情绪的媒介。因此，在翻译过程中，译者要结合本国文化背景，将文中物像转换成符合我国文化背景的事物或者思想情感，这样的改变会摆脱枯燥的文字翻译，将原文的内在灵魂表现出来，使文章更有韵味。这种创新的翻译思想会使文章的翻译更符合原文思想。

创造性叛逆的手段在英语的翻译中占据重要地位，其精髓是在原文翻译的基础上，跳出单纯的字词直译，根据实际情况加以再创造，使文章在转化成另一种语言后，其内容仍然饱满充实，充满了生命力，吸引读者去阅读。对这一手法的正确使用，会使文章中文化差异影响更少，原作者的思想精髓表达得更完善，作品质量更高。

英语翻译失败的一大原因就是对文化差异处理失当。因此，译者在翻译时应该重视文化差异，在了解翻译作品的文化背景后准确地翻译作品，提高翻译作品的可读性，保证翻译质量。

所谓"文化"并无准确的定义，这里以翻译学中的文化界定为准，将"文化"这一概念界定为"以某种语言作为团体表达方式的社会群体所具有的独特的生活方式及社会现象"。文化的本质特征得到了统一的认知，笔者将进行概述。文化具有非遗传特性，是伴随着社会发展而形成的；文化具有非个体性，是某一社会团体所共有的；文化具有明显的象征性，其中语言是文化的重要象征，是文化传播与体现的具体形式；文化具有典型的整体性，文化构成的各个环节均紧密相连、缺一不可。关于文化的分类有多种说法，这里引用翻译学中对于文化类型的分类，将文化分为主文化（主导价值观等）和亚文化（副文化、内部文化）。有翻译学家指出，文学作品的优质翻译离不开对五种亚文化的良好认知，它们分别为语言文化、社会文化、宗教文化、物质文化和生态文化。

所谓"文化差异"是指在差异性的社会发展模式与生态环境下,特定群体的人们所形成的包括语言交流、人生信仰、思维方式、风俗道德等方面的差异,其最为直观的表现形式是对同一事物或现象的理解与阐述不同,进而造成交流上的障碍。这里对基于翻译学的两种文化所存在的不同情况进行阐述,这是进行英文文学作品翻译,实现不同语言、文化之间有效沟通的基础。一是文化相含关系,即两种文化的内涵呈现一方文化内涵包含于另一方文化内涵,或者两种文化内涵之间存在交集的情况。二是文化相斥关系,即两种文化针对同一表达形式所具有的深层内涵表现出不同甚至完全相悖的情况。三是文化相缺关系,即两种文化都具有自己特有的文化组成部分,相对其他文化,此部分则是空白。

语言是文化的组成部分之一,是文化得以传承的必要手段,同时也是文化的重要表现形式。差异性的文化背景形成了不同文化中特有的词汇表达,也赋予了某些特定事物独特的精神含义。例如,中国的"龙"代表吉祥、风调雨顺,而西方的"龙"则代表着暴力与忤逆。不同民族的人们在语言交流过程中可否实现有效的沟通,语句本身的准确把握是基础,对语句背后深刻的文化底蕴的理解是关键。翻译则是不同民族、不同国家的人们进行有效的语言、文化沟通的桥梁。翻译与语言和文化都有密不可分的关系,优秀的翻译者必须既熟练掌握源语言和目标语言,又充分理解两种语言的文化。翻译的深层目标是最大限度地实现源语言中蕴含的文化底蕴在目标语言中得到完整表达,实现真正的交流。

所谓的"文学翻译"即以文学作品为对象而开展的翻译活动。文学作品是一种艺术创作,是文化的重要组成部分。因此,从这个角度来说,文学翻译亦是一种艺术再创造的活动,它所实现的不仅仅是两种语言字符的等价转换,更是原作品中内涵的文化信息的传递,以实现带给读者欣赏的需求及愉悦感,并如原著一般带给读者思考与启迪。文学翻译的目标就是最大可能地实现源语言文化的传播,实现目标语言文化的丰富,并促进双方之间的文化交流。译者只有深刻认知两种文化内涵,并对文学作品中的文化差异采取正确的处理,运用灵活的翻译策略,选择适当的翻译方式,方可实现原著作品内涵的准确传达。

二、英语文学翻译中文化差异处理策略

(一)异化与归化

文学作品中文化差异翻译处理策略的选择是一个弹性掌握的过程,主要影响因素有两个:一是翻译目的,二是译本读者定位。翻译目的是影响翻译策略的重要因素之一,

这里以《飘》（Gone with the wind）为例进行阐述。本作品的翻译目的界定为满足一般中文读者阅读需求，并全面展现原著的所有内容。基于此目的，在翻译过程中，译者采取了异化为主、归化为辅的翻译策略选择，大量使用直译加注释的翻译手法，既保证了原著原有内容的全面展现，又降低了读者阅读难度。确定读者的定位对于确定一部作品的翻译侧重点具有很好的指向作用。不同读者的审美与欣赏水平不尽相同，翻译策略也不同。如果一部作品的受众为对源文化具有深刻认知的较专业人士，则文化差异处理采用直译即可实现文化传播目的。如果面对的是普通受众，其源文化背景欠缺，则要求译者要结合自身对两种语言的熟练应用及对两种文化的把控采取弱化差异的策略，降低阅读难度。

针对汉英文学作品存在的文化差异，在翻译中的处理方法不外乎"异化"与"归化"两种。"异化"即以充分将原著文化内涵进行保留为原则，将目标受众带入异国文化氛围，具有充分实现文化传播目的，促进不同文化间的相互了解，激发读者阅读兴趣的诸多优点。"归化"即以追求译文读起来不像译文而像目标语原创为方向，致力于通过翻译实现用固有文化价值观对作品进行理解。异化的处理方法在作品的文化差异处理中，对于文化交流的促进以及丰富目标语言方面具有明显的优势。良好的翻译离不开方便目标读者阅读，迎合其阅读习惯的目的。在英语文学翻译中文化差异的处理上，通常采取"以异化为主，以归化为辅"的处理方式。

（二）四种亚文化差异的正确处理方式

1. 生态文化

生态文化是指某民族在其特有的生态环境（自然、地理）中发展所形成的具有自我标志性特点、带有地域特色的语言文化特征，不同的生态文化造成了不同民族对于同一事物或者现象的不同反应。在生态文化差异的处理中，译者对于目标读者的接受能力要有一个弹性的掌握。译者对于目标读者通过自我联想可以理解的文化相斥部分，可采取直译的方式，保留原作中的形象、生动的表达方式，直接进行翻译，这种做法会带给目标读者新鲜感，在潜移默化中实现文化的渗透作用；对于作品中文化相缺部分的翻译，可采取直译加注释的方式，最大限度保持原作特色，又通过注释采取归化处理，丰富双方文化的交流；对于原作中由于习惯所采取的比喻手法直译后目标读者难以理解的情况，可选择采取意译的方式，基于译者对于源文化的掌握将比喻含义直接进行翻译，虽降低了形象性，但确保了传递信息的准确性；对于原作中所出现的西方文化俗语等，可采取替换的翻译方法，用目标语中具有同样表达含义和表达风格的俗语进行替换；对于原作中难以向目标读者解释的表达方式，可以进行一定的省略，降低目标读者的阅读困难。

值得注意的是,替代和省略这两种表达方式对原作文化底蕴传递作用有一定的削减,应慎用。

2. 物质文化

物质文化是指在不同的历史发展中形成的以物质为表现形式的文化,如建筑、食品等,通常以一种文化相缺的形式存在。英语文学作品中物质文化的良好传递,在某种程度上可以带给读者异国风情感受,对文化交流有很好的效果。

对于汉语和英语文学作品中物质文化差异部分的翻译,译者大多采取了直译或者直译加注释的方式,最大限度地还原了原作具有的异国特色,起到了一定的源语言民族或国家文化背景和历史的普及作用。例如,对于"Dueling pistol"一词的翻译,《飘》中就直接将其翻译为"决斗手枪"。决斗这一风俗对于中国读者而言是陌生的,直译最大限度还原了源语言的文化气质,带给目标读者不一样的阅读氛围与新奇感。而对于一些在目标读者概念中不存在的器物,以及仅在某专业领域才会使用到的词汇的翻译,译者有必要对其用途进行注释,以便于目标读者更好地理解作品描述的场景。对于物质文化的翻译,由于其独特性和强烈的文化气质,译者很少采用意译,并无法采用替代的方式进行翻译以求实现理解上的便利。对于英语文学作品中物质文化的差异,译者在翻译时应以传播文化为基本原则。

3. 社会文化

社会文化是指在不同的历史发展历程中所形成的不同民族特有的风俗习惯、社会形态、行为方式等。社会文化的差异往往会造成交流上的误解与无法理解,这一现象在文学作品的翻译中则表现为翻译的失误。无论是在汉语还是英语中,都存在一词多译的情况。翻译学曾指出词汇只有在特定的文化背景中的表达才有意义,可见作品翻译中对于社会文化差异的细致、准确的理解和把握,将直接影响作品原意的准确传达。基于上述观点,在进行文学作品中社会文化差异部分的翻译时,译者应采用直译或者直译加注释的方式,以规避社会文化差异带来的理解误区;同样,应对读者的接受能力采取弹性的掌握。对于抽象度不高,或差异性不明显的比喻方式,译者可以直接保留原文喻体进行直译,将理解的环节留给读者。社会文化的差异多归属于文化相缺的范畴,故译者大多采用直译加注释的方式进行翻译,以实现如实反映原文社会文化背景,并确保目标读者不会因为晦涩抽象的社会文化差异而丧失阅读兴趣。如《飘》中,译者则将原著中的"wall flower"翻译为"墙花",并注释为"舞会中没有舞伴而坐在墙边的单身女性",这样便生动与准确兼顾了。当作品中出现蕴含时代背景与社会文化的词汇时,译者应结合原作的人物、环境、场景塑造进行归化处理。如《飘》中的"mammy"一词,如果直译则是帮白人看护孩子的黑人保姆，而原著中该人物的塑造要体现的是一个忠诚且认真的老保姆，故译文中翻译为"黑妈妈"，实现了社会文化差异处理与文学作品内涵的到位传递。

4. 语言文化

对于语言文化，上文已有阐述。文学作品是语言的艺术表现形式，其对文学作品具有重要的影响。在文学作品的翻译中，如何将人物的日常语言交流所蕴含的情绪、人物关系、谈话氛围很好地表现出来，对于成功翻译作品影响重大。这里以人名的翻译以及英语文学作品中常出现的黑人对话的处理进行举例论述。人名既是日常语言交流中的常用要素之一，又从侧面映射着不同的风俗、宗教、道德等文化信息，对其恰当翻译处理很重要。人名在中英翻译中通常采取音译的方式，但在文学作品的处理中，译者亦应结合人物之间的关系进行"见机行事"的处理，以便让作品译文行文更为流畅。

黑人对话是英语文学作品独特的组成部分。西方历史造就了黑人奴隶的存在，种族歧视导致黑人受教育程度与白人存在差异性，英文原著会用一些词汇、语句构成的不同来对其进行表现。现有的翻译大多采取直译，而放弃了对这一特有文化要素的控制。笔者认为，在对该情况的处理上，可采用意译方式，在充分理解原文表达意图的基础上，用目标读者语言中常用的区分方式对这种阶级之间的对话进行替代，实现语言表达设置的合理化。

通常所说的翻译，就是用译文准确地把原文的意思表述出来。虽然说起来简单，做起来却是非常不容易的。因为语言就是一种文化与社会的结晶，所以译者就要从文化和社会的角度出发去理解语言的含义。在实际的英汉翻译中，译者要对英汉文化做出对比，掌握英汉文化的特点；在英汉翻译的过程中，遇到困难时要善于运用英汉文化的特点来解决，这是至关重要的。美国的一位著名的翻译家认为，在翻译过程中造成严重的错误，通常情况下不是因为词语表达不当，而是不能理解文学作品的文化背景所导致的。由此可见，在翻译的过程中，译者应该对中英语言文化差异做出对比。这是英语文学翻译的主要任务和难题。

在英语文学翻译过程中，中英文化差异对译文造成了很大的影响。如果文化差异不能得到恰当的处理，就将会严重影响英语文学作品译文的质量，没有办法取得良好的翻译效果。所以，译者要采取正确的方法来处理英语文学翻译过程中存在的文化差异，使英文翻译准确可信。文化因素在文学翻译中的影响不可忽视。不同语系的人们在相互交流的过程中能否很好地理解对方，不单单要求他们对对方语言直译做出理解，还要求他们要了解对方语言中的文化内涵。只有对不同语言之间存在的文化差异做出深刻理解，才能解决语言的障碍，从而使翻译问题变得简单化。

（三）具体处理策略

1. 文体

实际的翻译与文学作品的文体密不可分。不一样文体的翻译作品有着不同的语言特点。译者只有同时熟练地了解源语与目的语两种语言的特点，且对两种语言都能很好地运用，才能真实地翻译出英语文学作品，体现出英语文学作品本来的风格。文学作品的语言风格不同，就表示文学作品的文化内涵以及所包含的文化因素也大有区别。例如，科技文所蕴含的文化内涵和文化因素非常少。因此，在对科技文进行翻译的时候，译者就要用直译的方法，而很少去考虑它蕴含的文化因素，从而将其转变为目的语言。而对于小说、话剧等文学体裁的作品，文化因素和文化内涵在翻译的过程中就必须予以考虑。如果译者不考虑文章所包含的文化因素和文化内涵，翻译的作品就会变得枯燥无味，只是句子和单词组成的躯壳，失去了文章的灵魂。这样就可以看出，在对英语文学作品进行翻译的时候，译者通过认真分析文学的体裁，可以运用正确的方法来处理中英文化之间的差异。

2. 动态对等

在进行英语文学作品翻译的时候，译者要把英语翻译成相应的汉语，并保证原作含义的完整性。这样一来英语文学作品就能完整展现给我国的读者，我国读者就能更加全面地理解英语文学作品所要表达的意思。但是，由于英语和汉语在很多方面都有不同点，文化方面的不同尤其明显，因此在进行翻译时，译者不仅要对文化差异有深刻的了解，还要懂得运用动态对等概念正确解决文化的差异。在对英语文学作品进行翻译时，译者不仅要熟练应用翻译技巧，还要充分了解英汉文化差异；只有熟练应用翻译技巧、对中英的文化差异做出充分的了解，才能把文章比较好地翻译出来。英语翻译中的动态对等就是在进行英语文学翻译的时候，要以单独的英文单词或词组为依据，翻译成与单一的英文单词或者是词组对应的汉语意思。文化差异使英语单词在翻译的时候，如果仅仅根据字面意思进行翻译，就会造成原文与译文的意思有很大出入，出现严重的错误。动态对等主要包括四个方面，即在英语词汇方面要对等、在语法方面要对等、在翻译的过程中文章要一一对应、译文与原文的文学体裁要相同。英语文学译文的质量就取决于这四个方面。所以，译者一定要深刻理解动态对等理论，在翻译的时候使原文所蕴含的文化内容和文化内涵得以保持。

在对英语文学作品进行翻译的时候，译者经常会遇到这样的现实问题，即译者是应该根据英语作品的单词和词组直接翻译，还是应该在英语作品的基础上，加入自己的理解和再创造呢？对于英语科技应用文的翻译来说，由于体裁的要求，基本不会出现再创造的问题，译者只需要在原有文章的基础上，保证单词和术语的准确性就可以。而英语小说、诗歌和散文本身就是英文语言的再创造作品，里面蕴含了一定的思想和文化内涵。译者在翻译的过程中，如果仅仅对字面意思进行翻译和理解，则不但无法向中文读者展示原作的魅力，还会使翻译的作品变得枯燥乏味，无法体现原作作者的意境和文化氛围。正是这种现实的文化差异导致译者在英语文学作品的翻译过程中需要对原作品进行创造性的翻译，并体现一定的创新精神。通过英语文学翻译手法分析来看，创造性叛逆的手段是英语文学翻译的重要手段，主要是指在翻译英语文学作品过程中，译者要在理解原文并保证单词和词组正确的基础上，加入自己的主观创造，使翻译之后的作品更加生动有趣，并且消除文化差异带来的影响，使作品能够保持英语原文的精髓。所以，只有正确利用创造性叛逆的手段，才能有效处理文化差异。

总之，不同民族之间存在的文化差异是不可避免的。在对英语文学作品进行翻译的时候，译者一定要对汉语和英语的文化差异高度重视，并运用正确的方法对英汉文化差异的问题进行解决。在英语文学翻译中，处理文化差异的方法主要体现为归化和异化两类。在文化翻译工作中，译者要根据文化差异的具体情况以及当前读者对外民族文化的接受程度来对归化翻译策略和异化翻译策略进行选择。在大多数情况下，归化翻译策略和异化翻译策略的结合能够对英语文学翻译质量起到明显的提高作用。只有从不同的角度探讨，尽量减少文化差异，掌握不同的翻译方法，对英汉语言文化差异做出对比，解决英语文学翻译的主要任务和难题，才能有效处理文化差异，使翻译之后的作品更加生动、有趣，做好英语文学的翻译工作。

英语文学翻译是文学翻译的重要组成部分，其表现形式为通过语言形式的转换，将优秀英语文学作品转换为汉语作品，是一种跨文化、跨民族、跨时空的文化交流形式，在国与国之间的文化交流发展中具有重要作用。纵观各类英语文学翻译作品，不难发现，那些能最大限度反映作者原意且能被引入国读者认可的优秀翻译作品都有一个共同的特点，即实现了外来作品的文化内涵与本土文化的融合。换句话说，那些一流的翻译家在翻译英语文学作品时，除了运用高超的语言表达形式和灵活的语法技巧外，还充分把握了汉语和英语两种不同文化之间的分歧，理解了两种文化的内涵和差异，并在此基础上实现了外来文化的本土化。

首先，汉语文化和英语文化的历史背景不同。中国自古以来就是一个统一的多民族国家，因此统一性、整体性、全面性等思想深深扎根于每一个中国人的内心，体现在文学作品中也是如此。自古至今，凡是流芳百世、得到人们普遍赞誉的优秀作品大抵没有脱离以上论述的种种主旨。但以英国为代表的英语国家则不同，它们长期以来就习惯了

"一个民族应该独立成为一个国家"这样的思想，在政权组织形式方面更青睐于单一民族的小型国家，如以德意志民族为主的德国、以高卢人为主的法国、以斯拉夫人为主的南欧各国等。由于双方历史背景的不同，具体反映到英汉文学作品中就有相当大的差距。

其次，英汉双方的宗教信仰不同。西方国家大多是有神论者，虔诚地信仰某一种宗教，将宗教看作人生的依托和依靠。双方在宗教信仰方面的巨大差异，使得汉语和英语的文学作品在表现形式和主旨大意上存在很大差异，如汉语文学作品的内容以现实主义为主，形式以小说为主，寓言、戏剧等文学形式相对较少。而英语文学则不然，戏剧在英语文学发展史上占有举足轻重的地位。

再次，英汉双方的思维习惯不同。受不同历史传统和成长环境的影响，形成了中英双方迥然不同的思维方式和思维习惯。中国历史悠久，受中庸、含蓄的儒家文化滋润多年，使得中国人的思维方式不是直来直去的直线型思维方式。这种思维方式反映到具体的文学创作中就体现为，汉语文学作品在刻画人物形象时注重通过语言的不同表达方式来传旨达意。而西方人则全然不同，他们的思维方式灵活、单一，喜欢直来直去的直线型思维方式，少了一些拐弯抹角，多了一些坦率。因此，在翻译英语文学作品时，译者一定要准确把握英汉不同的特点和文化差异，因地制宜地选取最适合表现文章主旨和原作原意的翻译方式。

一方面，妥善处理中英之间的文化差异能够增强译者准确把握文学作品的能力和水平。翻译工作是实现不同文化交流互动的重要平台和方式，而文学是对生活方式和生产状态的如实反映，因此文学作品的翻译更是在双方的文化交流互动中扮演着极为关键的角色。但长期以来，文化差异犹如横亘在双方之间的一道鸿沟，如果不能将此问题妥善处理，则不仅会出现词不达意、文不副实的尴尬境遇，同时也会极大地削弱译者在引入国的知名度和声誉。就翻译者而言，了解不同国家的文化背景、风土人情等是做好文学翻译工作的前提和基础，直接关系到译作的成败，这在很大程度上取决于译者的水平和功力。

另一方面，从读者角度而言，妥善处理中英之间的文化差异对于读者领悟作者本意、增强对作品描述国的了解也都大有裨益。众所周知，生活是文学的原型，而文学作品则是在生活基础上的升华与拔高，因此文学与生活之间总有或多或少的相关性、相似性。具体到英语文学翻译而言也是这样，英语文学作品肯定带有特定国家、特定年代、特定区域的文化背景和风土人情，再加上受到作者自身成长经历和个人喜好不同的影响，就使得英语文学作品蕴含的文化因素与如今的中国文化价值取向有很大的差距，甚至在有些方面很有可能会呈现出完全对立、截然相反的情形。在这种情况下，如果译者没能如实地把握中英不同的文化氛围和价值取向，而完全按照文字本身、文学自身的特点对英语文学作品进行翻译，那么即使译作在文学性方面达到很高的水平，就翻译工作而言仍旧是不合格的。因为译者没能实现两种文化的"无缝衔接"，所以使得读者在读译本时难以对文学作品输出国的文化氛围、整体社会情形形成一个系统、完善的整体性认识，更谈不上开阔眼界和增长见识，整体而言就是一次失败的翻译。

由此可见，妥善处理两种文化之间客观存在的差异，对于译者和读者都具有不可估量的意义和作用。具体来说，要想妥善处理英语文学翻译中的文化差异问题，需做到以下几个方面：

首先，译者在翻译英语文学作品时要善于根据不同的文学体裁形式来选择不同的翻译技巧。译者在对英语文学作品进行翻译时，首要任务便是区分不同的文学题材，并按照各自题材的技巧进行翻译。因为具体的翻译过程与不同的文学题材具有密切的联系，所以不同的题材类型需要选取不同的翻译技巧。由于汉语和英语在文化背景、价值取向等各方面存在较大差异，因此不同文学题材所表现出来的文化差异性也就大异其趣。译者要因地制宜地选取最能表现该种文学题材的翻译技巧来进行翻译，保证英语文学作品翻译的质量和效果。译者如果没有处理好文化的差异性，将不同的文化混为一谈，那么译作会变成一堆堆由单词、符号组合构成的无意义之物，不仅无助于表现原作的主旨，而且也会辱没作者的声誉。

其次，译者在翻译英语文学作品时要实现异化原则与归化原则的和谐统一。如果说，上面论述的根据不同文学作品的题材来选取不同类型的翻译技巧是做好英语文学作品翻译的前提和基础，那么实现异化原则与归化原则的和谐统一则是实现英语文学作品顺利翻译的关键和核心，在整个翻译过程中居于首要地位，应引起译者的高度重视和充分关注。文学实质上是对文化的反映，同样道理，文学作品的翻译表面看是不同语言之间的转换，实则是不同文化之间的转换，因此文学作品的翻译也要遵循文化转换的相关原则和规定。

翻译中的异化原则和归化原则是由德国哲学家、翻译学家施莱尔马赫在其论文《论翻译的方法》中提出来的：翻译的途径只有两种，一种是译者尽可能让作者不动，而引导读者去接近作者；另一种是译者尽可能让读者不动，而引导作者去接近读者。后来的学者根据这一理论将两种方法分别归结为异化法和归化法。根据相关的定义和各自特点不难发现，"异化法"强调了引入国语言的中心地位，即抱着民族中心主义的观点来使外来语言尽可能与本民族语言保持统一；而"归化法"则恰恰与之相反，强调的是输出国语言的中心地位，将外来语言摆在一个中心位置，然后本国语言围绕外来语言进行调整和变化，使得本民族语言尽可能与外来语言保持一致。总体看来，两种方法并没有孰优孰劣的区分，关键是在具体的翻译过程中，译者要因地制宜地选择，根据实际的翻译需求来选取恰当、灵活的翻译方法，以此来最大限度地消解文化差异带来的负面影响。

最后，译者在翻译英语文学作品时要遵循动态对等的原则。该原则旨在为目的语和源语之间的转换制定一个标准，从而减少文化差异。在动态对等理论中，该原则的创始人奈达对翻译做出了明确定位：翻译是词汇的文体、风格、语义和意义上的对等，翻译所传达的信息包括文化信息和表层词汇信息。译者在进行文学翻译的过程中，必须结合动态对等的四项基本内容，找到翻译的原则，从而在目的语中完美地表现源语的文化内涵。然而，不一样的语言代表不一样的文化，也许文化之间会存在相似之处，但是不会完全一样。因此，要想在译文中完美地展示出原文的文化内涵是不太可能的，译者只能尽可能地体现源语文化。

汉语文化与英语文化差异的产生在一定程度上受到了不同国家、不同地域和不同生活习惯的影响。首先是地域文化方面的差异。英语文学所属的国家大多数位于西半球，由于受到温带海洋性气候的影响，西风的到来在西半球地区会被认为是春天来临的象征。因此，在一些西方国家，人们往往用西风来歌颂一些美好的事物。以英国诗人雪莱的作品为例，雪莱的《西风颂》让西风成为革命力量的象征，通过对西风的描绘来展现大众对光明未来的信心和希望。但是在中国，由于受到季风性气候的影响，西风的出现往往预示着冬天的到来，因而提到西风一词，人们脑海中往往会浮现出一种凄凉、肃杀的景象。中国古代诗词曲中的"昨夜西风凋碧树""古道西风瘦马，夕阳西下，断肠人在天涯"等语句都可以表现出一种凄凉的景象。

除了地域生活习惯不同外，生活习惯的差异也是造成文化差异现象出现的又一原因。以生活中人们经常食用的主食为例。东方国家主要把稻米当成生活中的主食，而西方国家则是把面包当成生活中的主食。这种生活习惯的不同就会带来一定的文化差异。以"巧妇难为无米之炊"这句话为例，西方人在翻译这句话的时候用面包一词来替换这句话中的"米"字，就是西方翻译者对文化差异的适当化处理的一种体现。

中国文化与英语文化之间的差异也在一定程度上受到了思维差异的影响。东方人在思考问题的过程中往往注重形象思维，而西方人则习惯性采用逻辑思维和抽象思维来处理问题。这种思维的差异就表现在东方和西方在历史学、哲学、语言文化领域存在着一定的差异。

从文学体裁入手对文化差异进行处理。在英语文学的翻译过程中，文学体裁的问题是译者经常要面对的一个问题。不论是中国文学还是西方文学，不同的文学体裁都有着不同的表达方式。这就要求译者在英语文学的翻译过程中要对不同文学体裁有深刻的了解。也就是说，在从事英语文学翻译工作之前，译者应该对不同文学体裁的特点进行归纳概括。英语文学作品的体裁主要包括小说、诗歌、散文和科技应用文等多种形式。在这些文学体裁之中，小说诗歌和散文是作者通过独立创作完成的作品。译者在翻译这些作品的时候就会发现，这类作品往往包含有较多的文化元素。因此，在翻译小说散文等西方文学作品的过程中，译者需要对作品的文化背景进行充分的了解，要知道这些作品是在什么样的背景之下创作出来的。在了解作品文化背景的基础上，译者还要对作者的个人背景进行了解。只有在对作品的文化背景和作者的个人背景进行了全面、系统地了解之后，译者才会对这些文学作品产生正确的理解，才会在翻译文学作品的过程中将作品所要表达的中心思想准确地表达出来。在文本翻译的具体操作过程中，译者要从作品的文化背景入手，根据文中的语言运用情景来对汉语文化和英语的差异进行掌控，进而通过文字调整来使译文符合汉语的阅读习惯，让英语作品易于被中国读者所接受。在翻译科技应用文的时候，译者首先应该对科技应用文的叙述重点进行分析，在分析文章叙述重点的过程中对包含异域文化元素以及存在文化背景的地方进行初步了解。在找到这些难以处理的地方以后，译者要对这些文化元素和中文语境中的文化元素进行比对，然后根据中文阅读习惯对这些内容进行翻译。由于作者在撰写科技应用文的过程中运用了大量的专业术语，译者在翻译过程中应该认真查阅与文章所述内容相关的资料，以保证作品的准确性。

运用动态对等的原则对文化差异进行处理。在翻译英语文学作品的过程中，如果译者严格按照英文单词的字面意思来翻译文章的话，就会让读者在阅读译本的过程中无法对作品内容进行准确的把握。因此，一些有经验的翻译者会采用动态对等的方式来对文章进行翻译。

在英语文学作品的翻译过程中，对文化差异进行正确处理，可以让读者充分理解原作的文化精髓。译者在日常工作中应该对处理差异的重要性有着清醒的认识，只有这样才能确保英文翻译的有效性和准确性。

由于语言具有文化性和社会性，译者在翻译时就要以文化和社会为出发点去进行意思表达。在英语文学翻译的过程中，译者要对进行具体分析，在掌握二者差异性的基础上，利用英汉的文化特点解决在翻译中遇到的问题，尽可能地保证译文和原文基本内涵的一致性，进而翻译出优秀的作品。

英语文学作品的翻译过程比较复杂。汉语文化和英语文化的差异较大，如果对两种文化特点和差异了解得不够全面，那么英语文学翻译的过程就会阻碍重重，并且会导致文化释义错误现象发生，进而影响学生的学习效果。由此可见，在英语文学作品翻译中正确处理文化差异具有重要的现实意义。所以，译者在进行英语文学翻译的时候，要掌握正确的方法解决文化差异问题，提高英语文学作品的翻译质量。译者只理解对方语言的直接意义往往不够，还需要深入了解目的语所蕴含的文化内涵。当对不同语言间的文化差异深刻理解之后，译者才能突破在翻译中遇到的瓶颈，进而将复杂的问题简单化。

为了更好地翻译英语文学作品，译者要对源语言和目的语言的语言特点进行认真分析，因为不同语言风格的文学作品蕴含的文化因素和文化内涵也不尽相同。不同语言风格的文学作品有不同的语言特点，译者只有熟练把握两种语言特点，才能提高翻译作品的真实性。在翻译话剧和小说这类文学性文章时，译者就要充分考虑其内在的文化因素和文化内涵。如果译者仍然按照科技文的方法进行翻译，那么翻译后的文学作品就会变成单词的简单累积，缺乏内在的知识魅力，读者的阅读兴趣也会降低，读者会觉得索然无味。由此可见，在翻译英语文学作品的时候，译者一定要考虑文学作品的语言风格，发掘内在的文化差异，进而采取针对性的办法处理文化差异。

汉语和英语之间的不同点较多，尤其在文化方面最为显著，所以译者在进行英语文学作品翻译的时候，要善于运用动态对等定义解决文化差异。英语文学作品翻译是用汉语意思将英语作品完整表达。因此译者在对英语文学作品进行翻译时，要在了解文化差异的前提下掌握翻译技巧，进而提高翻译的准确率，使读者阅读到完整的英语文学作品，加强读者对英语文学作品的理解。

风俗文化主要指的是各个民族在长期的杂居条件下，在与经济的全面融合中，形成的一种独特的文化现象。因为各个民族与国家之间都有着不同的风俗文化，也就形成了各自不同的风俗习惯。风俗习惯引起中西方的文化差异，文化差异必然引起翻译的巨大差异。例如，"红"字在中国传统文化中具有深刻的内涵和意义。但是，在西方文化中，"红"仅仅代表着一种颜色，并没有任何丰富的社会含义。同样的字眼，仅仅因为处在不同的文化背景之下，就造成意思理解的错误。因此，译者在进行文学作品的翻译时，如果只是针对字面含义进行翻译，就很容易造成歧义，甚至在某种情况下，出现意思相反的情况。在进行翻译的时候，译者一定要采用正确的做法，首先翻译文字的引申含义，使读者进一步了解文字在不同的历史、背景下的真正含义。

价值观主要反映一个人对客观事物的总体评价，因此，在不同的历史背景下，由于受到社会环境的限制，人们的价值观是不相同的。中国文化具有源远流长的历史特征，在中国，"个人主义"是一种贬义性很强的字眼，同时也是一种自私自利的观念，这种观念非常不值得提倡与研究。中国人更加崇尚的是集体主义，尤其视集体主义是一种高于一切利益的精神，体现了不顾个人利益、保全大局的一种精神态度。但是，在西方文化中，个人主义是一个褒义词，主要强调的是个性的全面解放，追求自由的含义，个人要经过努力拼搏之后，才能最大限度实现个人价值。由此可见，价值观的显著差异，如果仅仅按照原意进行翻译，就会造成虽然文字相同，但是含义却并不相同的情境；情况严重的时候，还能出现意思完全相反的状况，就会造成沟通与理解的严重阻碍。因此，在进行英语文学作品翻译的过程中，译者一定要全面、充分地了解中西方文化中不同的价值观，才能进一步把西方文学需要表达的具体的引申含义完整地表达出来，全面地反映一篇文学作品中真实的思想内涵。

在中西方文化中，思维方式与一个国家的文化密切相连，也是沟通语言与文化的一种重要的渠道。由思维方式的不同导致中西方文化出现明显的差异，存在于文化发展的各个领域，并且具有深远的影响。中国人擅长辩证法这种思维方式，但是在西方人更注重逻辑思维能力。西方人注重探究事物的本质与规律，全面阐述个人的观点。中国人更注重中庸之道，《论语》中的中庸之道，普遍认为万事万物都有可取之处。在西方逻辑思维的影响下，西方以民族性强的语言为中心，而汉语则是以动词为语言的核心，强调文章整体的完整性与协调性。

三、如何翻译英语文学作品

在进行英语文学翻译的过程中，在通常情况下，译者会遇到各种不同风格的文学体裁，只有在了解各种体裁的样式与特点之后，才能进一步根据文学体裁采取不同的翻译方式进行翻译。

首先，译者在翻译某一类文学体裁的英文作品时候，应该充分了解这类文学体裁的文化背景以及作者个人的创作背景。在了解的基础上进行翻译与研究，有利于译者加深对英语文学作品的理解，从而准确无误地表达出英语作品的意义。在进行翻译的初级阶段，译者应先分析文学作品中的文化背景，再接着比较文化背景与个人背景之间的差异。在进行文化之间的差异的比较的过程中，译者一定要在忠于原文的基础上理解透彻汉语的阅读习惯；接着对文字进行梳理，让读者群体真正地明白文字要传达的真正含义，并且要与相关的文化背景结合起来，才能增加文学作品的艺术性特征与文学性特征。最后，译者还要考虑不同文学作品的风格特征：在翻译科技应用文之前，一定要注意，这类文章与小说和散文都不相同。因此，在进行翻译的过程中，译者要仔细分析作品中的重点内容，找出这些重点内容要表达的主要含义，以及重点文字背后的文化含义，接着分析其在中文语境中的含义。译者一定要按照中文的习惯来进一步处理英文科技应用文之中的翻译问题。只有这样，才能进一步地确保英语文学作品的翻译能够更加完整与规范。

诗歌与戏曲内容都是为了抒发人们对美好事物的向往之情，代表着一种美好情怀。许多文学作品在此基础上又加上译者的构想，不断丰富着文学作品的语言，进一步提高了读者的审美。

在翻译英语文学作品的时候，是直接对文学作品中的单词词组进行组合翻译，还是先在了解英语文学作品的基础上，对英语文学作品的译文再进行延伸和创造，这些情况并不是一概而论的。针对英语文学作品的不同的体裁，译者具体使用的方法也不一样。针对科技应用文进行翻译的时候，因为科技应用文本身追求的就是语言要准确科学、合理，所以译者在翻译这类文章的时候，仅仅需要做到语言准确、科学与合理就是最大的成功，因此一定要注意，要在文章的字面意义上直接进行翻译，确保文章中的科技术语使用规范与准确，而并不需要在文章的基础上进行进一步的再创造过程。但是，在翻译文学性强的作品的时候，译者不仅要直接翻译文学作品中的单词和词组，同时还要进一步地了解其写作背景及其所包含的深刻的文化内涵。面对这种情况，译者一定要在原作品的基础上进行创造性翻译，这样才能展现出原作品深刻魅力，使译文更加灵活自如，可读性更强。读者通过译文也能进一步地了解原作所包含的深刻的文化底蕴。张谷若先生在翻译哈代的《德伯家的苔丝》的时候，为了向读者表达清楚原作中的文化知识，以加强读者对原文的理解，而采用了直译的方法，同时用脚注介绍了基督教的基础知识和英国人的风俗文化，帮助本来不熟悉英国文化的读者更好地理解原来作品的含义，这种新颖的、具有创造性的手法可以帮助读者有效地理解原文的含义。

译者在对英语文学作品进行翻译的时候，首先是把英文单词翻译成中文词组，保持文学作品的意思不改变。如果译者能把英语文学作品中的内容全部翻译成读者都能明白的中文含义呈现在读者面前，那么中文读者在阅读英语文学作品的时候，就能全面地理解英语文学作品中具体要表达的含义。为了达到这一最终的目的，译者一定不能忽视在语言中存在的各种文化差异；要想处理好文学作品中的文化差异，就一定要善于利用动态对等的文化概念，处理好中西方的文化差异，才能使英语文学作品的内容与原文的含义更加贴切。英语文学作品中的动态对等主要指的是译者根据英文单词或者词组的含义把单词翻译成中文。但是，英语的词汇与语法中文有区别，它们的文化背景也不尽相同。因此，译者如果只是从字面的含义来翻译文学作品，目的语读者不一定能够透彻理解文章的含义，甚至还会因为内容的过于肤浅而扭曲了文学作品要表达的真实含义。例如，在翻译"众人拾柴火焰高"这句话的时候，具有一定经验的译者并不会直接翻译每个词语的字面意思，而是会透过现象看本质，翻译这些字词的实际含义。因此，这句话应该翻译成"many hands make light work"，这句翻译就在原文翻译的基础上，充分考虑英语的阅读习惯，使大部分英文读者都能够更加容易理解这句话的真实含义。

文学作品是国家文化的表现形式，要想更全面地翻译好英语文学作品，就一定要深刻了解中国与西方国家的文化属性。译者要在充分了解文化背景的基础上，更好地处理文化之间的差异性，完成一篇好的翻译作品。同样，对英语文学作品翻译的过程也是更清楚地重新了解中西方语言与文化的过程。由于翻译过程是一种综合性的文化活动，在对文学作品进行翻译的过程中，译者首先要掌握好语言的特点，深入了解各个国家不同的文化背景；只有在了解了文化背景的前提下，才能在翻译过程中不断提高自身的文化修养，促进中西方文化的全面融合。

第三节　英语文学作品中的修辞运用

每个文学创作者都具有不同于他人的文体语言和修辞风格。成熟的文学家都不会仅掌握单一的文体风格，而是能够在多样化的修辞手法之间游刃有余，根据修辞和文体语境的需要选择最合适的一种表达方式或手段。

语言中表示比喻用法的常用术语 trope，是指为了达到修辞的目的而通过比喻的渠道来使用语言。例如：

"Friends, Romans and Countrymen, lend me your ears."（"朋友们，罗马人，同胞们，请注意听我说。"）

这句话摘自莎士比亚的《裘力斯·恺撒》中马克·安东尼的演讲。这里的 lend me your ears（把你的耳朵借给我）即为达到修辞目的所使用的一个比喻，制造出比直接按照原意表达（如：Listen to me for a moment.）更好的效果。读者不能只根据字面含义将句子解释为希望借用观众"血肉的耳朵"，而应理解成寻求注意力的修辞手法。比喻在文学语言中频繁出现，而且采取了各种各样的形式。

明喻（Simile）是将一种事物比作另一种事物，并通过展现两者如何相似来解释此种事物的样貌如何的修辞方法，用 as 或 like（好像、好似）等词语在文中作为明确的标志。暗喻（Metaphor）也是将一种事物的特性转移至另一种事物的过程，但在形式上与明喻存在差异，即并不出现比喻词。暗喻对比两个并不相似的成分，但这种对比是隐含而非直接表白出来的，由于它并不给出明确的比喻信号，所以更难以辨认，然而气势更为有力。

转喻（Metonymy）意味着名称的变化，比如在以下 J.Shirley（简·雪莉）的诗行中，运用了四次转喻：

There is no amour against fate（没有什么恋情能与命运抗衡）

Death lays his icy hand on kings（死亡将他冰冷的手伸向国王）

Sceptre and crown（权杖和王冠）

Must tumble down（必须倒下）

And in the dust be equal made（在尘土中也能平等）

With the poor crooked scythe and spade.（用那把可怜的弯镰刀和铁锹）

在诗中，sceptre（王杖）与 crown（王冠）分别代表国王和王后，scythe（镰刀）与 spade（铲子）则分别代表普通农民与工人。

提喻（Synecdoche）属于更深层次的比喻语言，通常被视为转喻的一种，指用事物一部分的名称来指代整个事物，反之亦可。

总体而言，语言的比喻用法使被描述的概念更加通俗易懂，易于读者接受。读者关于世界所感知的图像，消除了不确定性与模糊性，人们对世界的诸多认识都可用语言的比喻用法塑造出来。

文学作品的分析能够借助多种渠道进行，根据作品分析与鉴赏的类型和目的，可使用固定的程序分析文本的语法结构与语言意义。

诗歌的韵律是大家都很熟悉的概念，正是韵律定义了诗歌，可分为头韵、尾韵、反韵、押副韵等。诗歌可以表现出人们说话时怎样使用重音来表现节奏，当重音被组织为有规律的节奏时就形成了韵律。传统诗歌的韵律需要计算每一行诗的音节数目，如莎士比亚著名诗歌中的诗句具有十分特殊且受欢迎的形式，即抑扬格五音步诗（pentameter）。不同时代有不同的语音与韵律模式，并作为构建诗歌的方式为人们所接受，如威廉·华兹华斯（William Wordsworth）善用的对仗句（Couplets），罗伯特·勃朗宁(Robert Browning)常用的无韵诗（Blank verse），莎士比亚的十四行诗（sonnet）、自由体诗（free verse）等。语音与韵律在诗歌中的功能包括追求审美趣味、适应传统的诗歌风格及形式、表情达意或革新形式、展示专业技巧以寻求精神满足感等。

小说语言需要关注叙述者（narrator）和图式语言（Schema-oriented Language），已知信息和新信息以及指称，注重言语及直接、间接自由思维的表达。例如，意识流写作（Stream of Consciousness）试图刺激读者随作者的思维一起驰骋想象。散文的文本风格因为主题、描述对象与写作目的的差异，应当重点关注其语言选择如何帮助文本建构意义，而非作者的世界观模式，考察文本风格应当注意同意义有内在联系并对读者产生心理影响的语言层面选择。戏剧语言通常更关注静态的剧本文本而不是舞台表演，戏剧间的台词分析有助于研究戏剧语言，分析摘录的戏剧文本，包括剧中角色与情节、叙述性声音，更加注重语言的交流表达和沟通会话，这是剧中任务相互关系建立与发展的基本方式，理解交谈或交际的话语分析技巧，欣赏剧本的会话效果和描写人物言语方式的手段。

文学文体与修辞风格的鉴赏对于英语文学和语言学的学习来讲具有重要的意义，有利于使用语言学工具来分析与阐释文学语言，可以帮助读者更好地认识文学作品的结构及语言选择过程。

英语文学作品中幽默修辞的应用能帮助作者更准确地表达内心情感及对现实世界的认识，大大提高英语文学作品的文化内涵和特色，给读者以更佳的阅读体验和英语文学美感。通过这些修辞手法的运用，读者也可以更深入地理解作者，与作者进行内心交流。对于英语学习者而言，要想学好英语，就应当对西方文化有所了解，在日常的学习生活中加强对英语文学作品中幽默手法的应用。

一、英语修辞手法

（一）拟人

拟人手法就是将非人类生物或者无生命的物质当作人来看待，赋予其生命和思想，让它们跟人一样拥有情感，可以通过语言来表达自己，帮助读者与它们进行"对话"，提高语言的感染力和生动性。通过拟人修辞手法，读者能够更加清晰和形象地理解物质的特点，更加直观地感知文学作品中的各类物质形象。例如，She may have tens of thousand of babies in one summer.（她一个夏天可能要生几万个孩子。）此处将蜂王拟人为具有生育能力的女性。拟人手法对于英语文学作品来说达到了幽默的效果，其生动的表现可以让幽默这种修辞手法更好地发挥作用。

（二）反语

反语手法就是作者故意用相反的意思来表达内心真实的想法，或者是对社会现象进行的讽刺与赞扬，特别是反讽，这种方法比正面阐述的表达效果更理想，能够通过俏皮的语言或者幽默的善意谎言来增强语言的丰富性和表现性。例如，It would be a fine thing indeed not knowing what time it was in the morning, you can have a good dream.（早上不知道几点是件好事，你可以做个好梦。）该语句想要表达的是应当要有明确的时间观念，而却说没有时间观念是"a fine thing"。反语的表现往往可以达到讽刺的效果，对于幽默的表现能够起到重要的推动作用，让读者通过修辞手法的应用感受幽默背后的深刻内涵，对于提升英语文学的幽默效果起到非常显著的作用。

（三）移就

移就是将同一种描述运用到两个或者多个不同的或不相关的事物当中。从逻辑思维角度来讲，该手法违反了语言规则，造成了事物与描述之间的不匹配，但是根据实际的语境来讲，移就的语句所表达出来的艺术效果更加明显。例如，I was very amazed to find her living in such drab and cheerless surroundings.（发现她生活在这样单调乏味的环境中，我感到十分惊奇。）本句中的 cheerless 原本是形容人类情感，但是在此处却形容了周围的事物与环境，因此更生动、形象地渲染了气氛。移就这种修辞方式在我国的文学作品中并不多见，这也是为什么很多时候我们无法准确理解英语文学幽默的原因。事实上，英语文学正是因为移就这种修辞手法的应用才让幽默的效果呈现得更好。

（四）双关

学习过中文语法的人都知道一语双关，也就是一句话影射两种含义。在英文语言中，双关手法也是通过一句话或一个英语词汇就表达出两种意思或展现两种场景，丰富了英语文学作品的内涵，要求读者沉下心来细细琢磨。双关在英语口语中含义相差较远，但是发音相近的成语组成的"谐音双关"也十分常见。比如，Seven days without water makes one weak.（七天不喝水会让人虚弱。）该句中"weak"谐音"week"，七天又正好是一周，所以英文语言表达很巧妙。而另外一种同义词的双关也十分常用，例如，Women have a wonderful sense of right and wrong when shopping, but little sense of right and left.（女士在购物时对好坏的分辨度极高，而对左右方向感觉麻木。）在这里幽默地讽刺女性在开车时方向感差，左右不分，巧妙地利用了双关这种幽默方式，比较容易引起读者的共鸣。

（五）夸张

夸张手法在英语文学作品中十分普遍。一般来讲，夸张是为了更好地凸显人物形象或者突出强调现实情况的严重性，以博得读者的关注。夸张手法能够营造紧张的氛围，以及增加故事情节和人物发展的悬念，极具艺术效果，展现了作者所想表达的东西。但是，夸张并不是盲目地编造谎言欺骗读者，而是对实际情况加以修饰或者在写实的基础上"添油加醋"，从而激发读者的联想与对事物发展的关注，给读者以心灵的震撼。例如，谚语"One false step will make a great difference."（失之毫厘，谬之千里。）就是运用夸张的手法强调了细节对事物发展的重要性，启迪读者应当认真、细致、有理有据地进行各项工作。总之，夸张的手法只有应用适当才能达到幽默的效果。

二、英语幽默常用的表现形式

不论是何种辞格，其统一的特点就是不合乎语言规范。在英语文学作品中，作者有时会为了营造更加形象地环境氛围和故事场景，故意违背语言规范，运用能够更加形象生动、易于接受和激发读者联想的方式进行幽默设计，以提高文学的幽默性。首先，可以通过创设语境来"一语双关"。比如，-Customer：Have you got any chicken's legs？（客人：你有鸡腿吗？）-Waiter：No，sir，I always walk this way！（服务生：不，先生，我一直是这样走路的呀！）就让人感觉十分搞笑。客人本意是想询问服务生有没有鸡腿这个菜；服务生却误以为客人是说他走路的姿势像鸡，还以为在嘲笑他长得像鸡腿，赶紧说了一句"我平时走路就是这样"。这个对话形象地展现了双方沟通的误差，"chicken's legs"一语双关，让人忍俊不禁。这种修辞手法的应用便是对双关修辞的应用，在适当的环境中可以达到出人意料、一语惊人的幽默效果，也能够获得读者的高度认可。其次，运用突降法。突降法的辞格方式是通过对语义的分析，按照自强至弱的顺序排列，字字逼人，让读者层层感知语义的讽刺性，从而引起思想上的共鸣。一般来讲，越到后面讽刺意味越浓，而且前后对比明显，十分不协调与可笑。例如，Go not for every grief to the physician, for every quarrel to the lawyer, nor for every hot to the icehouse.（不要一生病就去看医生，不要一吵架就去找律师，也不要一热就去冰窖。）突降法的应用范围比较广泛，加上其前后对比十分明显，俗雅共存，可以收到十分幽默的效果。

句法结构的转变和灵活应用能够给文学作品留下悬念。有时候不清晰的指代关系极易造成读者的误解，而在幽默修辞手法中，这种"错误"反而成为句法结构幽默性的体现，成功地渲染了英语文学的幽默感。例如，在一些英语文学作品中，作者详细阐述了事情的起因、经过和结果，最后一句作者抓出了"真凶"，但是究竟是哪个人造成的这种情况，或者是哪个人因为好心办了坏事，都不清楚、不明确，这就是由于指代不明而造成的文学幽默和风趣。

例如，"Her informed of the interesting event, one sweet old lady was highly delighted."（一位和蔼的老太太得知这件有趣的事后非常高兴。）

"I am so glad", she said——"So very glad!And to think that it was all the dear rector's doing."（"我真高兴，"她说，"真高兴！想到这都是那位亲爱的牧师的功劳。"）这个例子正是通过句子的句法结构表现文章的幽默，通过指代不明达到幽默的效果。

幽默通常出现在许多出人意料的情境下，很多英语文学作者都喜欢利用意外的结局来收尾，给英语文学作品画上圆满的句号。突如其来的结语或者场景会让读者忍俊不禁。

幽默氛围是需要渲染的，作者需要一步一步地引导读者进入提前设置好的"陷阱"或者场景，有时候也需要全部推翻之前的"假设"。往往前期越平铺直叙，前文越"安静"，后面的转折与幽默效果越能够出奇和成功，前面的平坦是为了后文的幽默做铺垫。例如，欧·亨利（O.Henry）的《警察与赞美诗》（The Cop and the Anthem）一文中，作者笔下的人物索丕为了在监狱里过冬而想尽一切办法"捣乱"，但是警察都没有逮捕他，而当他最终觉醒不应该做这么多坏事时，警察反而将其关进了牢房，这样的结局让人哭笑不得，而且意味深长，能够引发读者对社会和自身行为的思考。

英语文学幽默作为英语文学作品的重要表现手法，对于拉近作者与读者的内心距离以及促进双方的情感交流至关重要。例如，卓别林的作品给观众带来了深刻的幽默效果，并不是因为他说了多少话，而在于他言谈举止的风趣和幽默，使观众自然而然地感觉到了他的滑稽，认为其非常亲切。在英语文学作品中，很多作者都是通过幽默的语句来展现人物形象或者描述事物发展的，极好地凸显了人物和故事特点，拉近了读者与作者的心灵距离，引发了读者的共鸣。而对于以幽默手法展现出来的对现实社会的残酷或者逆境的讥讽，则会让读者在笑声中品尝苦涩，引发深思。

之所以会产生幽默效果，是因为双方的沟通没有在一个平台上，一方思想或行为与另外一方不一致或者不协调。在欣赏英语文学作品的幽默时，读者需要通过理解人物的语言、行为等，用心感知作品中的人物内心世界，努力发现"不一样"，透过幽默看现实，升华精神世界，积极地将不一样的结局与故事发展串联起来，用符合逻辑的方式来探究信息，让出人意料的结局成了"顺理成章"的，从而感知英语作品的幽默性。文学阅读最重要的一种感受方式便是精神上的领悟，读者只有从精神上与文学作品融为一体、融会贯通，才能够真正感受文学作品的幽默之处，才能够领悟文学作品中的真滋味。

《三字经》之所以朗朗上口，就是因为其节奏感极强，十分押韵。现阶段很多的英语口语作品也十分重视阅读的节奏感，在妙语连珠之前做了诸多的铺垫，设置了层层悬念，渲染了多个情境，最终将"包袱"甩给听众，营造了较好的幽默氛围。对于文字性的英语作品而言，作者层层引导，情境带入，最终的目的就是让幽默能够通过简明、快捷的阅读节奏充分地展示出来。英语文学作者设置了相应的阅读节奏，这需要读者细细品味，感受其中如同剥葱头一般的"层层揭示"，最终达到出人意料的阅读感受。读者在进行英语文学作品阅读的时候，也要通过幽默修辞来感受文学作品的节奏和韵律，通过与作者的共鸣理解作者的写作层次，通过读懂作者幽默修辞的层次性，感受其中的幽默所在，领悟其中的深刻内涵。

英语文学是世界文学非常重要的分支，在文学领域发挥的作用和影响不可低估。同时，我们也必须认识到，对于英语幽默作品只有做到学会欣赏，才能够从中发现其璀璨之处，才能够真正达到与作者的心灵相通，从而真正地实现文学艺术领域的相融互动。探究其修辞手法，感受其中的幽默韵味是读者学习英语文学作品的重要方法和手段，深入探索和研究幽默修辞是读者近距离感受英语文学的最佳途径。

三、英语文学话语修辞的认知转喻

作为一种选择最佳语言表达手段传递信息的重要艺术，修辞历来备受研究者们关注。传统的修辞学以研究修辞方法即辞格为中心，也被称为"狭义修辞学"。近年来，不断有学者进一步拓展修辞研究范畴。朱玲、李洛枫认为，修辞学在广义层面研究的范围不仅包括词句，且要向作为话语有机整体的语篇、文本甚至文体的修辞设计伸展。[①]谭学纯也认为，广义修辞学把狭义修辞学注重研究的修辞技巧延伸到了文本层面和认知层面。[②]杨德生认为，应从语篇的角度探讨修辞现象，把文章的谋篇布局也归入修辞范围。[③]综合学者的研究可以看出，修辞研究范围进一步扩大，在言语表达活动中能起到积极的表达效果的一切言语现象都可归入修辞学的研究范围，这种修辞学被称为广义修辞学。

连贯是语篇的生命。正常的语言行为不在于生成单个的句子，而在于使用多种句子创造话语和语篇，否则，将难以完成哪怕是最简单的交际任务。因此笔者认为，对文学作品的修辞研究，不仅要关注单个词句的修辞现象，而且要以整个语篇为中心，探索促进语篇衔接连贯的修辞手法，即遵循广义修辞学的范围来研究文学话语修辞。为说明方便，笔者采用邱文生的修辞分类名称，将语言中为了提高语言的表达效果而有意识地偏离语言和语用的常规的辞格称为"陌生化修辞"，而将辞格以外的修辞手段如寻常词语艺术化现象以及语篇的组织结构形式归为艺术化修辞。[④]

英语文学作品尤其是经典英语短篇小说，以语言细腻、鲜活、凝练为特点，包含大量修辞现象。读者要领略其语言魅力，理解话语含义，就需要对其中的修辞话语做出解读。邱文生认为，应从认知层面看待修辞，它是修辞主体对存在世界的一种符合特定意图的、主体性的审美认知活动。谭学纯认为，修辞话语构建包括双重运作程序：通过修辞认知激活陌生化的修辞感觉，以及通过概念认知回到熟识化的认知平台。同样，解读修辞话语需要读者付出概念认知的努力，依靠熟识化的经验参照，积极提取文本信息，

[①] 朱玲,李洛枫.广义修辞学:研究的语言单位、方法和领域[J].福建师范大学学报(哲学社会科学版),2013(3):30-36.

[②] 谭学纯.国外修辞学研究散点透视——狭义修辞学和广义修辞学[J].三峡大学学报(人文社会科学版),2002(7):8-11.

[③] 杨德生.从语篇的角度探讨修辞现象[J].西华大学学报(哲学社会科学版),2011(12):68-71.

[④] 邱文生.修辞认知与翻译[J].天津外国语大学学报,2012(5):26-31.

并创造性地构建信息。那么，是否有一种人类共有的认知机制能够提供心理通道，推进对修辞的识解过程呢？自 20 世纪 90 年代以来，认知学界越来越重视转喻作为一种基本认知方式的作用。学者们认为，作为一种基本的认知机制，转喻是人类创造和理解语言的基础性工具，也能够对英语文学话语修辞做出阐释。

目前对于英语文学修辞的研究大都集中在归纳和列举文学文本中常见的辞格类型，对于文本中艺术化修辞的研究还比较少，更鲜有从认知转喻角度，尤其是高层转喻角度对修辞进行解读的研究。鉴于此，笔者拟从认知转喻的视角解读英语文学话语的修辞现象，以期进一步丰富认知视角下的修辞研究。

莱克夫（Lakoff）和约翰逊（Johnson）把转喻定义为在一个认知域中的概念映现。他们认为，转喻的基础涉及物理的或因果的联系，包括语言、现实和概念三者内部以及三者之间的邻近关系，由此他们界定了转喻最重要的本质即邻近性。之后兰加克（Langacker）提出了认知参照点概念，即某一事物或概念中最突出、最明显、最容易记忆和理解的特性成为人们认知中的一个参照点，为理解其他相关事物或概念提供心理可及。这揭示了转喻的另一个重要本质——凸显性。阿尔·沙拉菲（Al-Sharafi）认为，转喻是通过邻近或致使关系，用一个词语、一个概念或一个事物代替另一个词语、一个概念或一个事物的一个表征过程。综合起来，转喻机制主要依据凸显原则、邻近原则和因果原则来运作，具体表现在部分与整体的相互替代，包括部分代整体、整体代部分、部分代部分的模式，还有因果的相互替代等。近年来，认知学界对于转喻的研究超越了指称转喻的层面，转喻被越来越多地用于解释间接言语行为、语法中的词类范畴转换、篇章中的连贯等。将转喻思维运用于更抽象的概念层面，从而形成了高层转喻思维，这为解读英语文学话语修辞提供了更大的阐释空间。

陌生化修辞突破词语使用和搭配的常规，创造出新奇、巧妙的表达。修辞手法如拟人、委婉、幽默、夸张、移就等在文学作品中俯拾皆是，它们有助于勾勒细节、营造氛围、刻画形象等，是文学文本的亮点，也是文学话语解读的重点。认知转喻的重要认知模式即部分与整体的相互代替以及因果替代提供了由此及彼的心理通道，帮助读者识解辞格含义，领略语言精妙。

下面选取欧·亨利的经典短篇小说《最后一片叶子》中的数例加以说明：

例 1：文章第四段用"stalk"（悄悄地游荡）、"icy fingers"（冰冷的手指）、"strode boldly"（明目张胆地踏着大步），"trod slowly"（慢慢地践踏）等词汇描写了十一月肆虐大地的传染性疾病——肺炎。读者可以借助具体（动作、体态）代替整体的转喻思维模式构建起一个狡猾、猖狂又凶残的人的整体形象，也就是肺炎的形象。拟人修辞效果显著，那么使读者对肺炎的破坏力有深刻的印象，为后文发展奠定基础。

例 2：But whenever my patient begins to count the carriages in her funeral procession I subtract 50 percent from the curative power of medicines.If you will get her to ask one question about the new winter styles in cloak sleeves I will promise you a one-in-five chance for her, instead of one in ten.（但是每当我的病人开始数她的葬礼上的马车时，我就会从药物的疗效中减去50%。如果你能让她问今冬大衣衣袖子的新款的问题，我保证给她五分之一的机会，而不是十分之一。）

在例 2 中，医生在向苏解释琼西的病情时，使用了不同的修辞方法。"葬礼上的马车"是"死亡"的委婉表达，而这个委婉语是由以具体（送殡的马车）代替整体（葬礼）的典型转喻模式，以及以结果（葬礼）代替原因（死亡）的转喻模式共同作用的产物。整句话的意思是如果病人一心想死，那么医生的治疗效果就要大打折扣了。而"问起今冬大衣衣袖的新款"这种幽默说法也源于具体代替整体的转喻思维，转指"对时尚的关注"。而"对时尚的关注"本身又是"对生活的热爱"的一个具体方面，所以又转喻地表达琼西"对生活的热爱"。医生用各含不同修辞的两句话进行对比，强调了病人的求生欲望对于病人能否康复有重要影响。

例 3：After the doctor had gone Sue went into the workroom and cried a Japanese napkin to a pulp.（医生走后，苏走进工作室，把一张日本餐巾纸哭成一团。）

在例 3 中，苏听了医生对好友的病情分析后，把"一张日本纸巾哭成了一团"，这一夸张的修辞手法也与转喻思维不无关系。以纸巾变成"一团"这一结果转指"大量的眼泪"这一原因，把苏为好友的病情落泪不止的情景充分表现了出来。

例 4：Besides, I don't want you to keep looking at those silly ivy leaves.（另外，我不想你一直盯着那些愚蠢的藤叶。）

此例中，原本用于形容人的词语"愚蠢的"被移用来形容"藤叶"，属移人于物的移就辞格。琼西在肺炎的折磨下渐渐失去求生的欲望，而她每日躺在床上看着窗外的藤叶也因寒风肆虐而日渐凋落。在她的认知中，那摇摇欲坠的藤叶就代表着自己的命运。苏了解朋友的想法，借"愚蠢的藤叶"转指"琼西的愚蠢想法"，表现了对朋友悲观想法的指责和担忧。这也是转喻思维的一种常见模式，即用处于同一认知域的一个部分来代替其他部分。

卡普兰（Kaplan）认为，从根本上说，修辞指的是一种思维模式，一个民族或一种文化特有的思维模式和思维序列会直接体现在语篇的组织结构上。艺术化修辞着眼于文本的整体性，关注文本的组织布局，运用多种修辞手段巧妙建构文本框架，造成令人印象深刻的表达奇效。阿尔·沙拉菲（Al-Sharafi）认为转喻超越词汇层面进入语篇层面，成为语篇衔接手段，有利于谋篇布局、实现语篇的完整性。可以说，认知转喻机制是促进读者解构文本、领会语篇修辞精妙的工具。

重复修辞是指相同的单词、短语或句子在语篇的不同地方重复出现。重复的词句无疑是文本中凸显的部分，认知转喻机制认为凸显的部分即可指代同一认知域中的其他部分或整体。重复所包含的信息是作者着意传达的信息，主要营造印象或突出文本主旨，会对读者做出重要的提示。在一个文本中，如果重复的句子贯穿文本始终，那么该重复句主要起到提纲挈领、提示后文的作用，帮助读者即使未读细节也可以迅速预测并抓住文本主旨。

例如，欧·亨利在其著名短篇小说《爱的牺牲》(A Service of Love)的开篇就写到When one loves one's Art, no service seems too hard.（当一个人热爱他的艺术时，就没有什么不能牺牲。）此句为读者提供了下文的线索，即为热爱艺术而做出的牺牲是什么？随后作者又数次在不同的地方重复这句话，并随着情节发展，渐渐揭示主人公为艺术所做的牺牲：德丽雅为支持丈夫的绘画梦想而放弃了自己的音乐课程，谎称给一位将军的女儿上音乐课，而实际上却是偷偷去一家洗衣店干烫衬衣的活儿；乔为了让妻子继续学习音乐，恰巧去了同一家洗衣店，在楼下干烧锅炉的活儿。重复的句子恰为文章的主旨，其具体表现就是两人不约而同地支持对方追求艺术而牺牲自己的行为。在故事的末尾，当真相被揭穿，作者借由德丽雅之口，将重复的句子稍做改变，成为：When one loves, no service seems too hard.（当一个人热爱时，就没有什么做不到的牺牲。）凸显他们不但为艺术，更是为爱情而做出牺牲。此时，主旨从"为艺术牺牲"升华为"为爱牺牲"，不但丝毫没有突兀之处，更是与文中这对年轻夫妇为爱奉献的事实形成完美呼应。

语篇是一个内在衔接紧密的整体，经常包含情节的前后呼应。作者需要在文中精心设下层层铺垫以作为伏笔，接下来再安排与之对应的事件或结果。这种层层铺垫的语篇修辞方法常被用于情节类文学作品中，以此增加文本叙事的巧妙。认知转喻的因果关系模式是实现这种修辞手段的一个重要途径。读者通过以因代果、以果索因的转喻思维，可以迅速捕捉文本重要细节，预测情节发展，并进行因果关系整合，对文本做出正确解读。

以下以凯特·肖邦（Kate Chopin）的名篇《一小时的故事》(The Story of an Hour)为例分析转喻对铺垫修辞的解读：

首先，故事的开篇即提到"Mrs.Mallard was afflicted with a heart trouble."（马拉德夫人患有心脏病。）看似不经意地埋下了第一个伏笔，即女主人公马兰德夫人患有心脏病的事实。随后作者精心渲染，在文章的第五段描写了从马兰德夫人的眼中看到的窗外的情景："树梢在新春的气息中兴奋地颤抖着""空气中弥漫着芬芳的雨的气息""数不清的麻雀也在屋檐下叽叽喳喳地唱个不停"。从认知转喻以部分代整体的模式来分析，这些自然现象可以转指一幅生机勃勃的景象。这显然与故事中女主人公正遭受的丧夫之痛格格不入，从而埋下伏笔，引发读者对于女主人公内心真实感受的推想。此后，作者在第十段中描写了女主人公情不自禁发出"Freedom! Freedom! Freedom!"（自由！自由！自由！）的低语，对第五段的伏笔做出了回应。正如读者可能推想的那样，面对丈夫的死讯，马兰德夫人真实的内心感受是获得了"自由"。这种真实感受被她自己确认并接受，就会变得越来越强烈，以至于Her eyes were filled with the passion of victory, and before she knew it, she was behaving like the goddess of victory.（她眼睛里充满了胜利的激情，她的举止不知不觉竟像胜利女神一样）。由此，文章的另一个重要伏笔清晰若揭：丈夫的死使她获得的是久违的自由感和对新生活的向往。然而，正当她沉浸在新获自由的喜悦中，在文章的末尾，故事突然峰回路转——随着钥匙转动，安然无恙的丈夫进门来了，被正在下楼的她一眼瞧见，她最终心脏病发作而死亡。故事以医生断定她死于大喜而结束，而留给读者的震撼和回味远未结束。此时读者需要联系前文的铺垫，即两个重要伏笔：主人公有心脏疾病，丈夫的死讯带给主人公的解脱感甚于悲痛。这两个伏笔与"死于心脏病"的结果相结合，读者即能明白她的真正死因并非大喜，而是愿望破灭的巨大心理落差。

总之，要想对文学语篇的铺垫修辞做出解读，读者就需要留意细节，借助转喻思维以果索因，使伏笔和应笔连接对应，置整个篇章于一个因果整体中，从而使读者产生恍然大悟的感觉，充分领略文学叙事出人意料却又在情理之中的修辞之美。

间接表达是文学作品中的一个常见修辞现象，这是因为作者会根据自己的叙事风格和叙事目的选择和提炼叙事内容。这可能增加了读者的阅读难度，但间接表达使文本在叙事方式上避免平铺直叙的平庸方式，无疑极大地增添了叙事魅力。读者需要借助转喻思维机制补充语篇中的缺省信息，并对间接表达做出合理推理，从而构建完整、连贯的情节，领会作者的真实意图。

在毛姆（William Somerset Maugham）的短篇小说《无所不知先生》（*Mr.know-it-all*）的最后，"我"问开拉达先生"珍珠是真的吗？"开拉达先生并不直接回答"我"的问题，而说："我要有一个漂亮老婆，我绝不会自己待在神户而让她一个人在纽约待上一年！"该对话看似答非所问，在形式上并不连贯，但是联系前文信息，读者就能明白开拉达间接回答的真实含义。我们注意到，这串珍珠项链是南赛太太的。她是一位"有一种不同一般味道"的女士。她的丈夫南赛先生与本文主人公开拉达先生有一次为这条项链的真伪展开激烈辩论并以100美金来打赌。南赛先生相信妻子告诉他的话，坚持这是个赝品，仅值 18 美元；而自称鉴别珍珠专家的开拉达先生笃定地认为这是价值高昂的真品。但最终开拉达先生当众承认这是假珍珠，并付给对方 100 元。谁知第二天一早，有人从门缝往里塞了一个信封，里面正好装的就是 100 元钞票。作为目睹这一切的旁观者的"我"不禁对珍珠产生好奇。读者可以借助以结果代原因的转喻思维结合前文信息探知文本的隐含意义。从前文南赛太太拒绝做珍珠鉴定的行为以及当开拉达先生在鉴定珍珠时她一副苦苦哀求的神态中，读者就能推断南赛太太害怕自己的丈夫知道有关这条项链的真相，而最后开拉达先生的言外之意更是印证了这种推断。原来南塞太太在独居的一年中背叛了自己的丈夫，她身上的珍珠项链是情人送的价值高昂的礼物。因此，以上的对话在意义上是连贯的。"我"从开拉达先生的回答中明白了他不愿意伤害南赛太太而故意宣称自己原先看走眼了，毁了自己善于甄别珍珠的名声。由此"我"看到了他的善解人意和善良。在故事末尾，"我"改变了一直以来对开拉达先生存有的偏见，变得不完全讨厌他了。

对文学作品中的修辞话语的解读要依托其所在的具体语境。离开了相应的语言语境、文化语境、情景语境等，转喻机制将无从发挥作用，导致修辞话语要么令人费解，要么无法取得预期的表达效果。例如，马克·吐温（Mark Twain）的《大宗牛肉合同公案的真相》(*The truth about the big beef deal*)中有这样一段对话：

"Name of the Indian？"（"印第安人的名字？"）

"His name？I don't know his name."（"他的名字？我不知道他的名字"）

"Must have his name. Who saw the tomahawking done？"（"一定要知道他的名字。谁看到了战斧行动？"）

"I don't know."（"我不知道。"）

"You were not present yourself, then？"（"那么你没有出席吗？"）

"Which you can see by my hair. I was absent."（"你可以从我的头发看出来，我没来"）

"Then how do you know that Mackenzie is dead？"（"那你怎么知道麦肯齐死了？"）

"Because he certainly died at that time, and I have every reason to believe that he has been dead ever since. I know he has, in fact."（"因为他确实在那个时候死了，而且我完全有理由相信他从那以后就死了。事实上，我知道他有。"）

"We must have proofs. Have you got the Indian？"（"我们必须有证据。你找到那个印第安人了吗？"）

"Of course not."（"当然没有。"）

"Well, you must get him. Have you got the tomahawk？"（"嗯，你一定要找到他。你拿到战斧了吗？"）

"I never thought of such a thing."（"我从来没想过这样的事情。"）

如果孤立地看待以上这段对话，读者只是读到诸如"那个印第安人叫什么名字？""有谁目击过战斧劈人事件吗？""那个印第安人找到了没有？"等普通问答，表面上作者使用的语言无关修辞。但是，当读者了解对话发生的具体情境后，其中的修辞效果便显现出来了。原来，这是一段"我"就有关牛肉合同的赔付问题与一名政府职员的对话。许多年前，美国商人麦肯齐与政府签订了一项为部队供应牛肉的合同，负责为谢尔曼将军的部队供应 30 桶牛肉。由于部队四处征战，商人历尽艰难四处辗转，不幸的是，在终于快要接近军队大本营时却被印第安人夺走大部分牛肉，并被印第安人用战斧劈死。仅剩的一桶牛肉被谢尔曼将军的手下截获了，因此商人也算部分履行了合同。商人之前把合同遗赠给自己的儿子，委托其向政府收账。但是，多年来人事巨变，合同款项始终没有讨回。后来，合同几经易手到了"我"的手里。"我"受人委托，便开始了艰难、漫长的索赔之路。经历了各部门的推诿拖延后，"我"终于在琐事局里获得接待，便有了以上的对话。

从表面上看，职员所提问题合情合理、合乎章程，但是根据语境，读者知道商人是在多年前送牛肉的途中被印第安人所杀，合同是许多年之后才偶然到了"我"的手里的，"我"当然不可能在场目睹商人被杀、牛肉被抢等情景，所以职员所提问题实际上都是荒诞的要求。在前文设置的情景语境中，读者借助转喻思维，可以意识到从政府职员的角度，"不知道凶手名字""抓不到凶手""找不到战斧"等事实无一不转指"政府不会按照牛肉合同付款"这一结果，因而普通的对话就有了幽默、讽刺的修辞效果。

转喻已经超越普通的辞格的意义，作为一种基本的认知思维方式的作用日益凸显，为人们提供心理可及，实现概念映现。转喻能为解读英语文学作品中的陌生化修辞和艺术化修辞提供了有效途径。转喻主要依托邻近、凸显和因果原则发生作用。主要的转喻模式即部分与整体的相互替代以及以因代果、以果代因的关系，不仅为在句子层面的常规辞格如拟人、委婉、幽默、夸张、移就等做出阐释，另外还在更抽象的概念和篇章层面对有助于文本建构的艺术性修辞如重复、铺垫、间接言语行为等提供识解依据，起到提纲挈领、预示情节发展、提示缺省信息、促进文本连贯等重要作用，从而有助于提高人们对文本的整体识解效率。当然，需要注意的是，以转喻思维方式对修辞话语的阐释必须在文本特定的语境中完成。

四、英语文学作品修辞手法欣赏

每一篇优秀的文学作品的语言、文字都是由作者精心构思而成，从而使作者的思想和现实生活能够展现出来，再加上作者在文字手法上的运用，所以文学作品不仅能够反映现实，同时也高于现实。文学作品富含的文化气息与底蕴会给读者带来极为美好的阅读感受。每一位成功的作家都能够熟练掌控艺术写作手法，然后将自己的写作特色融入其中。作者的不同使得文章的修辞风格有所不同，但是无论是何种风格，修辞对于一部成功作品的作用是显而易见的。本节首先简单描述了英语修辞手法，然后就比喻、矛盾和幽默这三种修辞手法进行了详细的论述。

拟人（Personification）手法，从字面上就十分容易理解。即把没有生命的物体或是自然生物比作人来进行描述，赋予其"人"的行为、语言或感情，从而使没有生命的物体或是自然生物更加生动，以便于所要描述的对象能让读者为之动容。例如，Laziness travels so slowly that poverty soon overtakes him.（快乐的旅程如此缓慢，以至于贫穷很快就把他吞没了。）此处的拟人化在于"laziness"（懒惰）与"poverty"（贫穷）。

反语（Irony）的手法，通俗来讲就是说反话，想要表达的意思与实际表达的内容是相反的。有的时候，反语比进行正面的论述更具有说服力，更能够展现褒扬与贬低。此种手法通常是用来反讽，但是在大多情况下是为了突出一种善意的幽默与俏皮，因而不会在文中进行直接的表述。例如，This hard-working student seldom read more than an hour a week.（这个勤奋的学生每周读书很少超过一个小时。）此处"hard-working（勤奋的）"很明显就是反语。

移就（Transferred epithet）这种修辞手法也是常见的，其用途在于将原本用于描述 A 事物的词语或者句子用以描述 B 事物，而本来用来描述 B 事物的词语或句子就逻辑关系的分析原本是不合语言规则的，但是若将其置于一定的语言环境中，却有着非常好的艺术效果。例如，I was surprised to find him living in such drab and cheerless surroundings.（我很惊讶地发现他生活在这样单调、乏味的环境中。）cheerless（不愉快的、阴郁的）通常是用于对人的情感修饰，而此处则将之用来形容 surroundings（环境），从而使得对于 surroundings 的刻画更加生动。

双关（Pun）就如同我们常听到的一个成语"一语双关"。其作用在于可以只用一个词语或一句话便能对事物的两个方面进行描述，或是一个词语或一句话中实际包含了两个意思。此种修辞手法的使用会使文章变得更加耐人寻味。双关还可以分为"语意双关"与"谐音双关"。谐音双关利用的是两个完全没关系的词语的同音或者近音，例如，When a woman com-plained to her butcher that his sausage tasted like meat at one end, but bread at the other, he replied, "Madam, in these time, no butcher can <u>make both the ends meat</u>."（当一个女人向肉贩抱怨说，他做的香肠一头像肉，另一头像面包时，他回答说："夫人，在这段时间里，没有一个屠夫能做到两头都是肉。"）划横线部分巧妙地运用了"meet"与"meat"的同音，make both the ends meat 的意思是"两头都是肉"，"make both the ends meet"的意思是"收支平衡"，这样一来，说话的人不仅表达了经商的不易之处，同时还为自己的弄虚作假行为进行了辩护。语意双关则是利用一词多义，例如，Why are lawyer all uneasy sleepers？Because they lie first on one's side, and then on other, and remain wide wake all the time.(为什么律师都是寝食不安的人？因为他们先是侧躺着，然后又侧躺着，一直保持清醒。)此句中的语意双关在于"lie"，可作为"躺"又可以作为"撒谎"。

夸张（Hyperbole）指的是在描述某个事物的时候将其原本的形象与内容夸大，从而表达描述者对该件事物的重视或喜爱等情感，在表现手法上具有很强的艺术性。既然为艺术，那么即便是不够写实也绝非欺骗。对于夸张的修辞手法，读者在阅读的时候一眼就会发现这种修辞手法给读者带来震撼，顺利地引导读者对所修饰的事物展开联想。例如，Vingo sat there stunnged, looking at the oak tree.It was covered with yellow handerchiefs——20 of them, 30 of them, many hundreds, a tree that stood like a banner of welcome billowing in the wind.(温格呆呆地坐在那里，目不转睛地看着那棵橡树，树上覆盖着黄色的手帕，有20只、30只、几百只，这棵树就像迎风飘扬的旗帜。)划横线部分为夸张手法，充分表达了温格的思念之情。

比喻的修辞手法在中国文学作品中也是极为常见一种修辞手法，比喻的英文 image，源于拉丁文 imago，意思是"肖像""映像""影像"。汉语比喻手法是将两个本质不同的事物联系起来，然后找出二者相似点，从而使其中一事物能够借助另一事物形象地表现出来。简单地说，比喻是对不同事物的相似之处进行比较。值得注意的是，比喻必须能够引发人们丰富的想象，如若不然就不可称之为比喻。例如，He looked as if he had just stepped out of my book of fairytales and had passed me like a spirit.(他看上去好像刚从我的童话故事书中走出来，像幽灵一样从我身旁走过去。)通过此种比喻就能够引发读者情不自禁地去想象"he"是一个怎样的人，竟会如同"spirit"。

比喻这种修辞之所以能够被常用于文学作品之中，主要是由于比喻可以使作品能够更加生动，促使文章的可读性也得到加强。英语的比喻可以分为两类，即明喻与暗喻。英语的明喻是一种基本比喻修辞手法，与汉语的明喻大致相同，即对比两种事物或现象的相同特点，促使本体与喻体的类似之处得以表现。常用来进行明喻的单词或短语有 as if, as though, like 等。例如，"How like a winter hath my absence been."或"So are you to my thoughts as food to life"。以上两句话源于文艺复兴时期的英国伟大剧作家及诗人莎士比亚，意思是"我的离开好像是冬天来临。"或者"你对我的思念就像食物对于生命一样重要。"他以冬天来比喻离开，以"食物之于生命"来比喻"你的思念之于我"的重要性。

暗喻通常用于深厚的情感比喻，因此具有十分深刻与浓厚的感情色彩，让人经过一番深刻、细致的回味之后心灵受到强烈的感染。例如，"Rise, like lions after slumber. In unvan-quishable number, shake your chains from you likedew.Which in sleep had fallen on you-You are many-they are few——Shelley."（像沉睡的狮子一样崛起。以不可战胜的数量，像露水一样挣脱你的枷锁。在睡梦中曾落在你身上的，你是多的，它们是少的——雪莱。）此为著名诗人雪莱对奴隶奋起反抗的鼓励诗句，将觉醒的奴隶比喻成沉睡中苏醒的雄狮，激励奴隶们昂首挺胸，勇敢地挣脱套在自己身上的枷锁，大胆地同残暴的统治阶级展开斗争。诗中对于"lions"的使用，用此来进行比喻引人深省，进而使奴隶们更加坚定了奋起反抗的信念。这样一来便使文字起到了良好的鼓励作用。

矛盾修辞手法，即 Oxymoron，主要是通过两个不相调和，甚至完全对立的词语来形容需要描述的事物。矛盾修辞手法的效果通常十分强烈，进而使作者想要表达的意思也更加激烈地被反映出来，叙述方式也不会再显得过于平淡、单调。因为矛盾的修辞手法会给读者带来惊喜，起到引人入胜的效果，所以，其在文学作品中的使用也是非常频繁的。

矛盾修辞手法以其对事物内在矛盾与复杂性的体现，引发读者进行进一步的思考。英语的矛盾修辞手法形象且生动，无论是在日常交流还是文学创作中都发挥着重要的作用。概括来讲，矛盾修辞手法主要有以下几种功能：

第一，矛盾修辞手法在英语中的谚语和俗语中使用得比较频繁，以此含蓄却不失形象地描述生活中难以简单道明的复杂道理，从而起到引人深省和警示世人的效果。例如，"More hate, less speed."翻译成中文就是"欲速则不达"。在此句英语谚语中，"more"（更多）与"less"（少）是一对反义词，通过此种鲜明的对比让人们认识到在处理问题的时候要将心态放平和，沉着、冷静地解决问题，理性行事才能确保结果的质量，一味地追求快速将会影响事物处理的最后结果。

第二，矛盾修辞手法可以用于对文学作品中语言表现力与感染力的增强，从而使之与平述形成鲜明的对比，让读者在此修辞手法的感染下在感官上受到新鲜的刺激，在审美上享受到独特的情趣。这样一来，矛盾修辞手法便带来了一种精彩且传神的修辞效果。

第三，既然是矛盾，就不可避免地会有两个对立词义的词语出现，通过二者的对立与矛盾来渲染出文中幽默、诙谐的情感，语言所产生的冲突将带来十分幽默的效果。例如，来自英国的桂冠诗人阿尔弗雷德·丁尼生（Alfred Tennyson）有这样一句诗：His honor rooted in dishonor stood.And faith unfaithful kept him falsely true.（他的荣誉根植于耻辱，而不忠的信仰让他错误的忠诚。）在此句诗中，作者以 dishonor（不尊重）来修饰 honor（荣誉），以 unfaithful（不忠的）来修饰 faith（信仰），以 falsely（错误的）来修饰 true（真的）。这一系列的对立单词所产生的矛盾修辞效果更加鲜明，使读者在心中将两个相互矛盾的事物进行对比，引发读者对于作者所要描述的事物的进一步思考，甚至还会引发读者的共鸣。

"幽默"并非汉语的原创词汇，而是经过时代、文化与语言的变迁，从英文中音译而来，用来形容某个人的行为或者某件事物让人觉得有趣，引人发笑却不失内涵。因此，大学生在欣赏英语文学作品的同时还要对西方语言文化进行一系列研究与学习，从而对英语文学作品中常用的幽默修辞手法有一定的了解。如若不然，大学生对英语的学习将始终停留在一个肤浅的层面。这时候大学生的英语水平可以用于语言交流、写出简单易懂的文章，但文章却可能没有什么内涵。随着英语学习时间的推移，大学生对英文的掌握不应该只停留在这一层面，不能因此就觉得满足。

英语幽默的表现形式在英语文学作品中有许多，如通过对各种不同的辞格的运用、文章结局的意外设置等方式来实现幽默的效果。接下来就这两种英语幽默的表现形式进行简单的分析。

第一，运用各种不同辞格的幽默表现形式。辞格主要是指言语的主体自觉地结合语境和目的而违背各种语言规范的一种结果。在文学作品中，有许多作品都不按照常理出牌，即有意违背规范的语法。这样做的目的在于使文章所表达的思想更加生动，表达的手法更加高明，阅读起来更能激发人们愉快的心情。因此，对各种规范语言的违背是用以制造文章幽默感的一种有效途径。例如，文章所出现的褒义词所表达的意义不一定是褒扬，而是进行反讽，作者真正想表达的是与之相反的意思。这样一来，不仅增添了文章的幽默气息，还会与文章要讽刺的对象形成鲜明的对比，使讽刺力度也随之增加。

第二，以对文章结局进行意外设置的幽默表现形式。有些文学作品从开始一直到文章的中后部分，无论是文章的情节内容还是写作手法都十分平淡，即便有幽默成分在其中也是比较常规的，所以读者在阅读文章的时候对于幽默的内容也会一目了然，无须进行思考。然而，这就犹如暴风雨前的平静，当接下来的信息与读者的这种常规思维发生冲突的时候，接下来所产生的幽默效果就正中作者下怀，继而达到预期的结果。

对于英语文学作品来说，修辞学可分为广义修辞学与狭义修辞学。本书所叙述的是狭义修辞学。实际上，英语中的修辞手法除了上述的几种，还有换喻、押韵、排比等，本书主要分析了矛盾、比喻和幽默这三种修辞手法。经过分析不难发现，这三种主要修辞手法实际涵盖了拟人、反语等修辞手法,就如幽默的修辞手法,拟人、反语和夸张都是引起幽默的重要手法。译者在对修辞格进行深入了解后,能够更加深刻地了解英语文学作品,而不再仅仅停留在语言的翻译上。

第五章 应用型人才导向下英语教学中的跨文化交际能力培养

第一节 跨文化交际能力培养的认知体系

跨文化交际能力的认知层面包括目的文化知识，以及对自身价值观念的意识。对许多教师、学者来说，跨文化交际能力主要是指在目的文化情境中适宜地使用目的语的知识，调整自己的感知、理解和表达的习惯，用一种新的视角去看待世界，由此形成对世界的新的体验的能力。相对于跨文化外语教学来说，认知就意味着教学理念、教学目标、教学中看似矛盾的各种关系的处理以及教学原则等的确立。

一、树立正确的教学理念

在英语教学中，跨文化教育的开展首先应注重观念更新，认识提升。目前，跨文化教育的相关思想在我国外语界仍是比较前沿的理念。国家教育行政部门作为教育相关政策的制定机构，对跨文化教育的理解和解读将直接影响我国跨文化教育开展的效果。由此，教育行政部门的专家和领导应该借鉴、比较欧美国家的跨文化经验，从战略高度审视跨文化教育所具有的时代意义，明确其目标和内涵，确定符合我国国情的跨文化教育目标、原则和方法，为英语教学提供依据，明确方向。

在英语跨文化教学中，教师首先要更新自身的教育理念，要始终坚持"语言教学与文化教学有机结合"，从语言学习、语言意识、文化意识和文化经历相互联系的四方面同时入手，充分发挥母语文化在文化学习中的作用。其次，英语教师不能仅满足于做一个传授语言知识的"教书匠"，还应该努力成为一名"会通中西"的学者型教师。我国著名学者吴宓、钱锺书、叶公超等人之所以声名显赫、受人敬仰，不仅仅因为他们的外语水平高超，更重要的是，他们学贯中西，人格俊逸，文、史、哲无一不通，可谓传统意义上的大师级通才。除教师教学理念的更新、自身素质的提高外，英语教学中文化教学的理论框架作为重要的课题需要英语教师进一步明确，深入研究和探讨。

近年来，体验式英语教学作为一种全新的教学理念和教学模式越来越受到英语教学研究者的关注。体验式学习理论于20世纪80年代由美国人大卫·库伯（David Kolb）提出。他在总结了约翰·杜威（John Dewey）、勒温·库尔特（Kurt Lewin）和皮亚杰（Piaget）的经验学习模式的基础之上，提出了自己的经验学习模式。1984年，库伯发表了《体验式学习：作为知识与发展源泉的体验》（Experiential learning: Experience as a source of knowledge and development）一书，系统阐述了体验式学习过程。他认为经验学习过程是由四个适应性学习阶段构成的环形结构，包括具体经验、反思性观察、抽象概念化和主动实践，确立了著名的库伯体验学习理论。在库伯（Kolb）看来，"学习是体验的转换并创造知识的过程"，也就是说在学习过程中学习者把体验到的内容消化吸收，内化成自身具备的知识并在实践中加以运用检验。努南（Nunan）认为体验式学习理论的提出对教学产生了深远的影响，在教学理念上引发的变化就是教学模式由原来的知识"传授式"转向了"体验式"。

基于体验式学习理论的体验式教学模式，要求教师根据教学内容有目的地创设生动、逼真的教学情境，使学生在较为真实的环境中获得所学内容，使其理论知识、应用知识得以扩展，使其技能、技巧得以提高。通过直接接触学习内容，学生能够亲自实践和体验，在自由独立、情知合一的情境下，培养实践创新的能力。体验式教学模式的核心就是体验直接经验。

建构主义理论是体验式英语教学理论的发展基础。建构主义把学习看作一个建构的过程，该理论要求学习者在学习中要积极主动，发挥主体作用。建构主义强调学习者的中心地位，教师在整个学习过程中应该是学生意义建构的协助者、促进者，而不是知识的提供者和灌输者。建构主义从教学方法看多种多样，各有不同，但教学环节含有情境创设和协作学习却是其共性所在，学习者不是简单被动地接收信息，而是基于情境创设和协作，最终主动地实现自身对所学知识的意义建构。与以往以教师为主导的知识传授式教学模式相比，体验式教学模式突出强调以学习者为中心，认为自主学习十分重要，更贴近学习者"内化"的学习认知规律。真实语境的创设和模拟能够激发学生的学习积极性和参与体验的热情，使学生在真实语言的感受和体验中，发现语言的应用技巧和使用规则并应用于语言实践。这一理念反映了当代外语教学理论的新进展，既符合以往交际教学法的原则，又体现了"任务教学法"的特点。除此之外，体验式教学不受时空限制，多媒体、在线教学资源为体验式学习创造了更丰富的体验。利用多媒体和网络，体验式教学增加了学习过程中的趣味性，学生的感官和思维受到刺激和激发，使学生积极、主动、快乐地学习、记忆语言文化知识。

文化不是一成不变的，也不是一个静止的概念。文化是动态的，是随社会的变迁而变迁的。以往发生的事情会影响语言表达的含义，语言的意义也会对未来事件产生影响，未来的经历又会影响具体的语言意义，这是一个周而复始的过程。在社会进步、发展的同时，世界各民族的思维方式、价值观念、生活方式、社会规范等各个方面也都在发生着重大变化。因此，在英语教学过程中，教学的中心不应再是以教师为中心的知识的灌输，而应是以学生为主体，加强学生的文化学习体验，培养学生自主学习、积累文化知识的能力，注重培养学生的文化敏感性，提高学生应对文化差异的主动性和自觉性。

因此，要确保跨文化教学的理论研究形成体系，以全新的教学理念、清晰的教学思路促进课堂内外的跨文化教学；在各个方面采取措施，加深教师对外语教学中跨文化教学的认知，使其更好地投入跨文化教学。

二、明确合理的教学目标

教育部制定的《大学英语课程教学要求》明确了大学英语课程的教学目标是培养学生的英语综合应用能力。这一目标不同于以往重知识传授、轻知识运用，重知识点记忆、轻能力培养，重阅读、轻听说写的倾向，这一目标的确定将我国大学英语教学的标准提高到了一个新的境界，交际意识和文化能力逐步得到重视。

跨文化教学的目的在于培养学生具有用该社会认为得体的语言和方式进行交际的能力。学生必须了解目的语所包含的丰富的文化内涵，以便掌握语言的使用规则。经验表明，与结构规则相比，语言的使用规则更为重要。仅靠正确的语音、语调、语法并不能保证交际的有效进行。通过跨文化教学，学生不仅可以了解生活在目的语文化中的人们是如何观察世界、对待事物的，而且能够了解他们是如何用语言来反映他们的社会思想、习惯和行为方式的，从而学会用得体的语言和方式进行交际。

除了对目的语的应用能力外，异域文化的敏感性和容忍度在很大程度上决定了跨文化交际能否成功。学生要了解异域文化下的思维习惯、认知模式、合作态度等，同时还需对交际对象的文化背景、风俗习惯保持敏感和包容态度。在交际过程中，学生往往从自身文化视角去审视他国文化，而不去探索文化背后的深层意义。学生应通过直接学习、直接经验，以及参加培训项目等经历，加深对隐藏文化内涵深层的理解，站在对方的角度去看待他们的文化，提高学生跨文化交际的敏锐度、宽容性和处理文化差异的灵活性，从而实现跨文化交际的成功进行。因此，提高学生批判吸收外来优秀文化、发扬优秀传统文化的能力，提高学生融会贯通中外文化的能力尤为重要，这既是中国外语教学中文化教学的发展趋势,也是跨文化外语教学的最终目标。

培养跨文化交际能力成为新时代英语教学的目标,这一目标的确定体现了英语社会功能的进一步演变,顺应了当今世界政治、经济、文化等的发展趋势。同时,跨文化交际能力也是外语教学服务社会的需要。这一新的教学目标的实现要求大学更新外语教学观念,改革外语教学体系。

三、正确处理大学英语跨文化教学应面对的关系

(一)本土文化与英语文化的关系

作为全球通用的语言,英语应该具有两个层面的意思:第一,它由全世界英语使用者共同享有;第二,它包括各种地域、各种文化特征的本土化的英语表达形式。

中国是世界上英语学习大国。对于中国英语学习者而言,学习英语一方面是为了了解世界,同时也希望通过英语这个媒介让世界来了解中国。因此,英语交流是双向的。英语(主要指的是英美)文化对中国社会产生了一定的影响。

在强调英语文化和价值观的同时,中国传统文化的学习逐渐淡化。由于中国本土文化的欠缺,中国英语学习者在表达中国特有的文化思想上存在困难。因此,如何处理好英语教学中传统文化与英语文化的关系是值得英语教师思考的问题。

(1)重视学生对母语文化的学习。"语言反映一个民族的特征,它不仅包含着该民族的历史和文化背景,而且蕴藏着该民族对人生的看法、生活方式和思维方式。"[①] 对于中国人而言,汉语是我们的母语,母语的学习能够使我们形成汉语的思维方式,使我们传承和发扬具有我国特色的文化。

(2)承认"中国英语"存在的客观性,并使其达到国际交流的目的。英语是世界性的语言,世界各地都会出现不同类型的英语变体,"中国英语"就是其中之一。但是,在使用"中国英语"时要注意以下几点:第一,使"中国英语"具有可接受性。中国人在使用英语的时候应尽量地使之合乎英语语言的普通原则,使之为英语国家的人所接受;第二,要会用英语表达具有中国特色的文化,如清明节、洋务运动等;第三,如果在交际中出现与英语本族文化冲突的现象,要尽量通过交流使之被英语为母语的人所理解,从而达到国际交际的目的。

(3)英语教材在编写时,要适当地加入介绍中国文化的英语素材,而不是全盘地搬用体现西方价值观和文化观的素材。在英语课堂教学过程中,教师可以适当利用母语,有意识地对比分析母语和目的语之间的语言形式和文化背景,比较两种语言文化的异同

---

① 邓言昌,刘润清.语言与文化[M].北京:外语教学与研究出版社,1989.

点，加深学生对不同语言文化的理解；要积极地利用母语对英语教学的正迁移作用帮助学生更好地掌握英语。

总之，在全球化时代，在我国英语教育中要平衡英语文化与中国传统文化的关系，在引进西方文化的同时，也不能忽视通过英语或者"中国英语"来保护中国传统文化和向外宣传中国传统文化。英语具有双向文化交流的功能，学生可以通过英语学习培养跨文化交际能力、国际理解能力，最终在全球多元社会中生存、发展。

（二）英语功用性与人文性的关系

语言是交际的工具，更是人类文化的主要载体，是人类文明的集中体现。因此，英语具有功用性与人文性的双重价值。一方面，英语是人们用来认识世界、改造世界，进行交际交往的工具，具有功用价值；另一方面，英语又是人类用来进行文化传承、人文教育、人格塑造的途径，具有人文价值。学生通过人文知识学习语言，透过语言学习人文知识，在潜移默化中受其感染、暗示、引导，逐渐实现心理积淀，形成文质相宜的人文素质。英语之所以在中国社会流行，主要原因是它具有使用价值。一个人的英语水平如何，与他的升学、留学、就业、职务职称晋升有着密切的联系，有时甚至与一个人的社会地位相关。在一个竞争激烈的商业化的社会里，"由于经济的快速发展，追求财物已成为社会的普遍价值。人们更倾向用急功近利的标准来衡量事物与行为"。[①] 在此背景下，中国人学习英语热潮呈持续状态，很多人急于求成来达到应试或求职的目的。实用性在学校的英语教育中占有重要地位，甚至高校英语语言文学专业教育也出现了"强调实用性课程，淡化语言文学课程"的趋势。北京外国语大学张中载教授曾尖锐地指出，在外语本身的功能性和市场经济功利的支配原则的影响下，外语教学极易倾向于重"制器"轻"育人"、重"功利"轻"人文"。因此，学生的人文修养、人性的丰厚养育和提升，更是我们急需面对的。陈平原教授认为，大学的意义不仅仅是科技进步，还包括精神建设。

考试和量化可以用来衡量外语的知识和技能，却难以用来判断学生的人文素养。英语的功用性不可否认，但是也不能忽视其人文性。英语的功用性是紧密与社会的经济利益挂钩的，而整个社会是一个复杂的整体，包括政治、经济和文化诸多方面的内容。

在经济全球化背景下，各种文化相互撞击、融合。中国与世界的交流是全方位的，在交流过程中文化起着重要的作用。而英语本身就是一种文化，一种与英语国家的历史传统与现实场景相联系的文化。正如美国语言学家卡奇鲁（Kachru）所言："一个国家的语言、文化和教育是相互联系的，如果无视特殊的文化背景和国情，孤立看待语言问

---

① 成中英.西方文化对中国文化之需要[J].东方论坛，2004（5）：6-13.

题会迷失语言的整体性。"

诗人艾略特（T.S.Eliot）曾一针见血地指出："个人要求更多的教育，不是为了智慧，而是为了维持下去；国家要求更多的教育，是为了要胜过其他国家；一个阶层要求更多的教育，是为了要胜过其他阶层，或者至少不被其他阶层所胜过。"

英语教学不仅仅强调语言技能的教学，更应该重视英语文化内涵的理解，培养学生的跨文化意识、跨文化敏感性、跨文化的价值观和国际理解能力等。21世纪是一个全球化、多元文化共存的时代，作为现代社会的公民应该学会与来自不同社会背景、不同文化背景、不同政治制度国家的人相处。而英语是全球化的语言，英语学习的主要目的之一是理解异国的文化与社会，了解世界和中西文化的差异，拓宽视野，促进个体在多元文化的社会中生存与发展。因此，在跨文化教学的过程中，大学要提倡拓展英语文学、文化课程的开设，强调运用人文意识引导法、人文品格分析法等方法对学生进行人文素养的渗透，使英语教学的功用性与人文性相统一。

（三）语言教学与文化教学的关系

早在20世纪70年代，肯尼思·查斯坦（Kenneth Chastain）就指出，外语教学要考虑文化教学，原因有二：第一，和另一种语言的人进行交往，不但依赖于语言技能，而且依赖于对文化的习惯和期望值的理解。第二，跨文化理解本身也是现代教育的一个基本目标。如果学习一门外语没有领悟其深厚的文化，那么所有的努力都是徒劳的。不管是哪一个民族的传统文化、生活方式、民族心理和宗教信仰，乃至各种特定的思维模式，均依赖于语言得以成形、积累、发展和传承。

语言与文化息息相关。语言学习的过程也是文化学习的过程。一个民族的语言总是反映和表达这个民族的文化，不学习文化，也就很难学通语言。从语言和文化的关系来看，语言承载着文化，同时又是文化的重要组成部分。民族语言与民族文化相对应。语言与文化血肉相连，互相影响、互相作用，难解难分。

一个人不了解文化就难以理解语言，要理解文化又必须有良好的语言基础；只有具有扎实的语言基础，才能理解和体验语言所蕴藏的深刻文化内涵。对于语言是文化不可分割的一部分，学生的理解也比较一致。

从目前大学英语整体的教学情况来看，语言与文化这种相辅相成的关系还是有失平衡的。教师对语言的"工具性"强调得过多，实际的教学计划、教学设计和教学要求忽略了语言不可能孤立存在这一事实，人为地削弱了文化教学，将语言与文化或文学加以隔离。长期以来，此种教学模式导致学生将学习重点放在语法、词汇和做相关的考试型的练习上，而对语境下的篇章理解和听说交际能力普遍表现薄弱，因此，正确认识和处理语言教学与文化教学的关系尤为重要。

第一，语言教学与文化教学的过程是共进的。教师在进行语言教学的同时也必须进行相应的文化教学，表现在语言学得和习得机制与文化学得和习得机制是协调一致、同步进行的。正如盛炎指出的，在第二语言的学习过程中往往会形成一种"自我疆界"，第二文化学习的目的就在于超越这种"疆界"，或者使这种"自我疆界"得到扩展，消除这两种文化接触时所产生的障碍，使学生能够设身处地地站在以目的语为母语的人的位置上思考问题、处理问题、解决问题，达到真正移情的理想境界，获得全新的"自我认同"。

第二，语言教学与文化教学具有相互依存性，互为条件、互为补充。要了解一种文化必须先了解其语言，要了解一种语言也必须了解这一语言所赖以生存的文化。因此，离开语言教学的文化教学就会成为无米之炊、无本之源；而脱离文化教学的语言教学内容势必枯燥、乏味，无法激发学生应有的学习兴趣。从能力培养方面来看，如果教师单单讲授语言知识而不进行相应文化知识的教学，学生就只能具备最为基本的语言能力，而不能得体、有效地运用语言，也不能成功地进行跨文化交际，达不到提高跨文化交际能力的目的。从培养机制来看，文化教学以语言教学为基础和前提条件，同时又对语言教学起着"反拨"与检验的作用，能够促进语言教学，夯实语言基础，提高交际能力。文化教学能够提高语言教学的深度和广度，有效提高语言教学的质量。

第三，语言教学和文化教学相互兼容，不可分离。语言和文化融为一体的事实使我们相信，无论教师采用哪种语言教学方法，都会导致文化教学。现代教育理念认为，外语教学只有把语言教学与文化教学合二为一，才是现代意义上真正的教学。国内学者李润新曾用化学公式形象地把语言教学与文化教学之间相互兼容、彼此融合的关系表达为：语言 + 文化 + 教师（催化剂）= 语言交际能力（有机化合物）。

只有语言教学与文化教学有机结合，才能达到外语教学的最高目的，使学生在教育的过程中真正获得跨文化交际能力。

第二节　跨文化交际能力培养的情感体系

跨文化交际能力的情感层面包括对不确定性的容忍度、灵活性、共情能力、悬置判断的能力等。为了愉快、有效地进行交际，跨文化外语教学必须注重培养学生对异国文化的兴趣，使他们乐于了解外国文化，要以开放、欣赏的态度对待异国文化。因此，跨文化外语教学不能再像以前那样单纯地把目的语文化导入教学中，而是要进行双语文化的交叉交际教学。学生不仅仅要了解目的语文化和母语文化知识，更重要的是要学会如何用英语表达这些文化，使自己已经掌握的文化知识内化、生长为自己独有的、具有个性化的精神财富。中外文化兼容并蓄，学生的文化理解能力就会得到提高，评价能力和整合能力就能日趋提升，能学会用敏锐的洞察力和恰当的移情能力理性地、批判性地接收各种文化信息，以博大的胸怀和高度的智慧妥当处理不可避免的各种中外文化冲突。

一、英汉文化并重，消除"中国文化失语症"的影响

众所周知，在世界走向中国，中国也走向世界的今天，我们在借鉴和吸收外国的先进技术和文化精华的同时，也要向全世界介绍中国的优秀文化和科技成果。但现实的进展情况却与社会发展的需求与愿望存在着很大差距，我们不难看到：有许多能讲满嘴"洋文"的大学毕业生不仅对外国的历史文化、社会习俗知之不多，而且对本民族的传统文化习俗知之甚少，更不用说用英语表达，"中国文化失语症"现象在国际交流中频频现身。因此，要想让中国走向世界，我们就要学会用英语来表达中国传统文化独有的现象和思想。

克拉姆什（Kramsch）反对外语教学中普遍存在的"同化"原则，并提出了自己的见解。她认为在外语教学中，文化教学不应该是认同采纳的过程，而应以"增强意识"为主。文化教学的目的并非秉承异化原则，而是要让学习者在习得外语知识和文化的过程中，通过"跨文化对话"提高跨文化交流意识和跨文化交际能力，最终实现本族文化与外来文化之间的互动交流和融合。

外语教学中文化教学的目的并不是要让学习者归化于目的语文化（削减性学习），也不是两种文化在学习者身上的简单的累加（附加性学习），而是要让母语文化和第二文化在学习者身上形成互动，让学习者具备文化创造力。

大学教师要注重将西方文化教学有机地融入英语语言教学之中，并遵从"双向文化知识"导入的原则。在目的语文化与母语文化并重的教学环境中，汉语文化和英语文化在学生身上形成互动，学生由此能够产生文化创造力，加深并拓宽了对汉语文化的认识，并且对英语文化也有了较深刻的理解，从而在立足于本土文化的基础上培养和提高跨文化意识和跨文化交际的能力。

因此，教育主管部门及教师应该注重引导学生在用英语进行跨文化交流的过程中正视中国文化的主体性和保持一定的文化道德底线，消除"中国文化失语症"的影响。

（一）发挥教育主管部门的监督引导作用

教育主管部门首先要做到与时俱进，时刻注意世界发展的动态，收集和掌握跨文化

交际活动的各种详尽信息,采取措施,加强各部门、各学校以及各领域专家对于跨文化交际的重视和合作,将用英语表达中国文化的重要性记录在各类文件和大纲中,充分发挥其在文化教学方面的监督、引导作用,并使其呈现在不同英语教学层次的测试之中;要在英语教学中实现中国文化教育的传授,要求各相关部门、各相关领域的专家学者以及各教学单位协作、相互沟通、切实实施、制定有关政策。

(二)提高教师自身的文化素养和教学水平

从调查来看,英语教师无论是在中国文化修养,还是在中国文化的英语表达方面都存在一定的知识亏空,这对其教学产生了一定的影响。教师需要拥有较强的中西文化背景知识,并能够有意识地帮助学生具备平等的文化观,从而培养学生使用英语表达中国文化,并提高教学效果。教师不仅应该具备这种文化素养和宏观意识,还应该注重微观方面的具体教学操作过程。例如,教师可以通过比较两种文化,向学生介绍一些中国文化的英语表达方法,以此调整外来文化与本族文化之间的讲授比例;同时,按照实际需要给学生以小组合作学习的方式分配一定数量的文化对比作业任务,使学生认识到自己的"文化缺陷",并能够做出相应的弥补和改善,进一步深化学生对两种文化的理解,使学生能够更多、更自如地运用外语来表达本族文化,掌握相关的知识结构和表述方式,最终生成陈申所提到的文化创造力,即"在外语教育中,通过本族语(文化)及目的语(文化)的对比学习,逐步获得的一种创造力"。

(三)提高学生参与跨文化交际活动的主动性

参与外教课和类似于模拟真实生活情境的教学活动可以培养学生参与跨文化交际活动的主动性,感受跨文化交际活动的深刻意义。学校和教师还应该鼓励学生积极参加国际性的各种跨文化交流活动。例如,国际合作机会的增加使中国有机会举办各种国际性赛事、国际性会议以及其他大型活动,而这些活动往往需要大量的工作人员和志愿者,这为学生提供了难得的参与到真实的跨文化交流中的机会。教师和学生都要多注意收集这些资讯,并能够主动地参加各种跨文化交流的活动。

学生要具备良好的汉语和英语的语言和文化基础知识和技能,并能够积极参与跨文化交际活动,从而既能够认识到中国文化越来越受到世界关注,同时又能够意识到中国文化英语表达的困难之处,进而能够自觉地产生对本族文化的高度认同和敏感接受,积极地增强用英语表达母语文化的能力,建立进行跨文化交际的自信心,最终实现有效传播中国文化的目的。

二、消除母语的负迁移，发挥母语的正迁移作用

学习一种语言就是学习这种文化（Learning a language is learning a culture）。从本质上说，大学英语教学是通过东西方两种文化的交流和融合，在学生早已形成的汉语语言文化背景中移入英语语言文化，最终使学生拥有双语能力，并能够了解两种文化不同的思考方式的过程。在学生的汉语文化背景已经形成的情况下，汉语的文化迁移在英语学习中会不可避免地发生。那么如何在大学英语教学中营造一种"文化语言氛围"，既注重强调技能培养，又加强语言的客观文化背景、交际环境和思维方式的差异的学习，使学生在实际语言交际中避免不得体现象或尴尬局面，已经成为大学英语教学改革面临的一个重要课题。

在学习过程中，学生已有知识对新知识学习发生影响的现象称为迁移，促进新知识学习的迁移称为正迁移，阻碍新知识学习的迁移称为负迁移。行为主义心理学认为，学习者母语习惯负迁移是其在外语学习中所犯的错误或遇到的障碍所致。此处的文化迁移是指由文化差异而引起的文化干扰，表现为在跨文化交际中或外语学习时，人们不由自主地用自己的文化准则和价值观念指导自己的言行和思想，并以此为准则去评判他人的言行和思想。

文化迁移主要表现为语言使用不得体。这种不得体会使人们在交际过程中交流不顺、产生误解，甚至引起冲突与仇恨，因此要重视这种迁移，要逐步提高语言学习者的文化素养，使学习者认真学习英语国家的文化知识，提高语言学习者的文化敏感性，逐渐消除文化迁移对英语学习与使用的影响。

因此，大学英语跨文化教学应努力设法预测学习过程中可能会出现的文化迁移，通过对英语和汉语两种语言进行分析比较，减少汉语文化的负迁移，正确地利用母语正迁移的作用，促进汉语文化的正迁移，从而提高大学生的英语语言交际能力。在消除母语的负迁移、发挥母语正迁移作用方面，黄运亭[①]的如下尝试值得借鉴：

（一）重视汉语文化和英语文化与大学英语教学的关系

正如邓炎昌、刘润清曾指出的那样，所学语言的文化与所学语言密切相关，熟悉与语言密切相关的文化知识，有助于保证使用这门语言的整体性。教师应高度重视英语文化和汉语文化因素在大学英语跨文化教学过程中的重要性，提高学生对英语文化和汉语文化差异的敏感性和适应性，树立文化意识；在传授语言知识的同时传授文化知识，根据学生的现有水平、接受能力和理解能力，确定文化学习的内容。同时，教师作为教学的主要组织者和指导者，切忌在文化功能的传授中面面俱到。

---

① 黄运亭. 新时代大学互动英语 1（第 2 版）[M]. 重庆：重庆大学出版社，2020.

(二)大学英语教学应与文化教学相结合

语言作为音义结合的符号系统,会随时间、空间和社会需要的变化而产生不同的变体。在英语教学中,教师可从语音、词汇、句法和篇章等具体层面建构语言的文化功能;同时可以让学生通过听、说、读、写、看电影、看录像、参加英语文化知识专题讲座等具体的语言实践活动了解英语国家的文化知识。另外,教师可以通过汉语与英语的对比,有意识地探讨两个语种的语言结构和文化内涵的异同,从而帮助学生逐步形成跨文化交际的意识和文化敏感性。在比较的基础上,教师可以精选出英语文化中主流文化的内容,以及承载有比较突出的文化特征的内容,如文化习俗、饮食习惯、地理特征、宗教信仰、词语掌故、历史事实等内容的材料予以专门讲解分析,进而促进外语教学。

(三)大学英语教学要培养学生的文化意识

文化蕴藏于语音、语法、词汇、对话、篇章,乃至认知模式的各个层面。在大学英语教学中,学生应循序渐进,而不是偶然、盲目、无目的地接触西方文化;为此,教师应根据各阶段教学过程的特点,通过进行英汉文化的系统对比,使学生有意识、有目的地了解英语的思维和认知模式。

在教学中,教师应注意搜集、积累并充分利用外语文化背景知识和社会风俗习惯的实例。实际上,许多语言材料都以家庭成员之间、朋友之间的交往接触为素材,如果结合录音、录像进行教学,就一定会使学生产生与人面对面交谈的临场感。教师在教学中还应指明语言文化意义在使用中的文化规约,这种文化背景知识的教学不仅会使学生对所学内容有更深刻的理解,而且会极大地促进教学质量的提高。

此外,教师还可以鼓励和引导学生在课外有选择地看一些原版电影和纪录片,可以在圣诞节、复活节等一些西方特有的节日里开展一些课外活动,让学生充分了解英语国家的风俗、习惯和礼仪等,以培养学生的跨文化意识和良好的学习习惯。

三、树立平等观,加强学生文化移情能力的培养

世界各国的文化都有其产生与发展的历史渊源与理由,各具特色且彼此平等,共同构成了世界文化。因此,跨文化英语教学中,英语教师要注重教育学生充分认识世界文化的特性,帮助学生树立语言、文化平等观,增强学生的多元文化意识,加强学生文化移情能力的培养,使学生能够以平等的心态来对待外国文化,以科学的标准去把握中国传统文化,去除对母语文化的优越感和已经形成的对异国文化的偏见或成见。

(一)树立平等意识

在与不同文化接触的过程中,学生要了解、尊重彼此的文化,宽容地对待文化的不

同点，只有这样才能实现不同文化之间的真正交流与理解。跨文化交际是两种或者两种以上不同文化之间相互交流的过程，交流双方应该充分了解对方的文化特点，尊重对方的文化习惯，相互体谅，促进交流。在跨文化教学中，教师应注意平等意识的建立。参与交流的双方在交流过程中处于平等地位，任何片面的权威或者独占真理，以及固执己见、不尽如人意都是错误的。

任何一种文化都有其能够长期持续发展的原因。没有一种文化可以凌驾于其他文化之上。对于不同的事物，要协调它们之间的不同，达到和谐统一，从而促进其发展，形成不同的新事物。不同事物在相互交流过程中会发展、创新。如果所有事物都是相同的，就不会有发展，也就不会有新事物的出现。事实上，不同的文化一方面要保持自己的特色，另一方面要相互交流、融合，形成一种动态的平衡。

学习外语是进行跨文化交际的需要，其目的主要有两个：一个是为了能够与所学外语的使用者成功地进行交流，从而了解、学习他们文化的精髓，另一个是用所学外语准确地介绍、传播本民族的文化特征，让世界更好地了解本民族，从而减少在跨文化交际过程中所产生的误解、冲突。因此，任何放弃本民族的文化特征，单纯学习外语的观点都是错误的。每一种文化都有其独特的优点，都是人类解决各种问题的经验总结。当前世界经济日益全球化，各国文化日益多元化，在跨文化交际过程中，每一种文化都应该取长补短，不断充实自己。在跨文化教学中，学生应该重视对英语文化的学习，因为英语文化对于学生来说是很陌生的，是以前没有接触过的新事物，但是不应该唯英语文化为尊而否认本民族文化的优点。在跨文化交际过程中，双方要彼此尊重，在平等的基础上进行交流，相互比较、鉴别，相互吸收、融合，共同发展。

为了适应多元文化时代的需要，我们必须打破母语文化与目的语文化的桎梏，容忍、尊重和理解文化差异，积极寻找文化之间的共性，树立语言文化平等观，在动态的交际语境中，不断调整文化参考框架，不断地相互协商，积极地建构跨文化交际的过程，从而实现共同期待的交际目标。在英语教学中，教师应该让学生接触不同模式的文化，而非单一的目的语文化，以便增长学生的见识，培养学生主动、动态地去"适应"多元文化交际的意识和能力，最终实现人文性的外语教学目标。

（二）培养学生的文化移情能力

1. 文化移情

文化移情是指在跨文化交际过程中，交际者自觉地站在对方的立场上思考问题，有意识地超越本民族文化的定势思维模式，突破自身文化的约束，从对方的文化角度来思考问题，从而能真实地感受、领悟和理解对方的文化。文化移情是跨文化交际中的一种有效的沟通交流能力，是连接交际者的语言、文化和情感的纽带。

鲁本（Ruben）指出，在有效的跨文化交际过程中，文化移情能力是指交际者尽量置身于另一种文化模式中，设身处地地去思考，通过语言和非语言行为去体验、去表达，从而向交际另一方表明已经充分理解其交际内容。文化移情主要表现在两个方面：一个方面是语言语用移情，指的是说话者刻意地使用某些语言向听话者传达自己的某种心态和意图，以使听话者准确地领会说话者的话语含义；另一个方面是社会语用移情，指的是交际者要自觉地站到对方的立场上，尊重彼此的文化习俗，宽容彼此的文化不同点。一个具有良好文化移情能力的人应该是与时俱进的学习者，并持有态度开放的文化价值观。

文化移情能力直接影响着跨文化交际是否能顺利进行。由于文化差异，人们的文化取向、价值观念、宗教信仰、伦理规范、思维方式、生活方式和习惯等都不相同，在跨文化交际过程中，不可避免地会产生文化冲突。交际者如果文化移情能力强，就能摆脱自身文化所形成的定势思维，从而自觉地避免文化冲突，保证交际的顺利进行。

2. 文化移情的必要性

自人类出现后，人类实践活动不断地提高广度和深度。世界各民族在相对独立的环境下各自发展，形成了各具特色的文化。各民族的文化都植根于本民族的土壤，具有鲜明的民族特色。各民族在社会背景、政治和经济制度、文化传统、习俗等方面具有自己的民族特质，在民族意识和语言文化上也呈现出很大的差异性。交际者已习惯于本民族经过长期积淀而形成的语言模式和交际模式，在跨文化交际中，如果没有文化移情的意识和能力，就很可能以本民族的交际模式同来自其他民族文化的人进行交际，最终可能因文化的不同而出现隔膜、误读乃至冲突。例如，中国人一般在得知亲人或朋友生重病住院后，会在第一时间赶过去慰问，以表关切，而病人见到来慰问的亲人或朋友也会感觉很温暖。而美国人在同样的情形下可能会考虑尽量少打扰病人，而病人也希望多些静养的时间。可想而知，如果一个中国人得知美国朋友重病住院，就可能会按照中华民族的传统文化模式急匆匆地跑去探望，就可能会打扰了美国朋友休息，反而会让美国朋友感到反感。因此，交际者必须具备文化移情的意识和能力，才能在跨文化交际中冲破文化障碍，减少误会和文化冲突，达到有效交流和沟通的目的。

3. 文化移情能力的培养

交际主体要想具备文化移情能力，首先应该注重培养文化敏感性和宽容性。交际主体首先应该把交际客体视为与交际主体在文化价值观、信仰、态度、思维方式、审美方式、行为方式等诸多方面都存在着差异性的对象。为了避免文化碰撞，交际主体必须了解对方文化所奉行的社会规范和语用规则等。要提高跨文化交际中的文化敏感性，主要在于提高感知的敏感性。跨文化交际中产生的问题，首先是由感知方式的差异引起的。跨文化交际研究专家萨莫瓦尔（Samovar）等人认为，有五种社会文化因素，即信仰、价值观、心态系统、世界观和社会组织，对感知产生着直接且重大的影响。具体来说，学习者要移情，如果有可能，最好能到对方的国家生活一段时间，熟悉他们生活的方方面面。例如，语言在实际生活中的使用、风俗习惯、文化传统等。学习者如果没有到对方国家生活的机会，则可以通过看电视、录像、图片和书籍等增加自己对对方文化的认识。每种文化都有自身的渊源和特点，与语言一样无高低优劣之分。交际者应避免成见与偏见，与对方建立平等的关系；只有不断增加对异国文化的理解，并对其持尊重和宽容的态度，跨越心理上的障碍，才能真正实现移情。在跨文化交际中，交际者要实现移情需经历六个步骤：一是承认差异。世界是多元化的，不同的人看世界是不一样的，因此个人与文化之间存在差异。二是认识自我。对自己的优缺点有一个客观的评价。三是悬置自我。交际者要想象自己是任意的界域，是超出自我和世界的部分。四是体验对方。交际者要想象自己处在别人的位置上，设身处地，真正体验、理解另一种文化。五是准备移情。做好移情准备，要与时俱进，并持有态度开放的文化价值观。六是重建自我。在享受另一种文化所带来的激情与欢乐的同时，交际者要对自己本民族的文化有着清醒的认识，要认识到自己本民族文化的优势。

总之，文化移情是在多元文化之间进行有效沟通的重要途径。在跨文化交际中交际者要跨越文化障碍、成功地进行交际，就必须借助文化移情。文化具有平等性，文化移情必须坚持适度原则。每个民族都应该积极维护民族尊严，不卑不亢。在英语教学中，教师需重视对学生文化移情能力的培养。教师宜在正确的文化移情理论指导下，利用课外时间，通过适当的实践活动，使学生置身于英语的气氛中，从而增强学生运用英语语言知识和文化知识的能力。这样的实践活动很多，如观看英文原版影视作品，举办英语演讲比赛、英语征文比赛、英语书法比赛，学唱英语歌曲，背诵英语诗歌，开设英语广播，绘制英语手抄报，书写英语板报，举办英语晚会，组织英语角等。这些实践活动可以强化学生的文化移情意识、锻炼学生的文化移情能力，从而使受学生适应全球化态势下的多元文化交流需要，保证跨文化交际顺利完成。

四、建立跨文化交际意识，提高文化认同度

在英语教学中，大部分学生都能够生成符合语法或句法规则的句子，但其表达方式往往无法做到"地道"二字。这是因为缺乏英语味道的句子恰恰忽视了习得语言中的文化因素，从而导致交际失败。这主要是由于交际双方未能达成文化认同。

文化认同是个人对于自身的文化及所依附的文化群体产生的归属感，并在此基础上获取个体文化，同时对其加以保留与丰富的社会心理过程。文化认同涵盖了对社会价值规范、宗教信仰、风俗习惯、语言、艺术等方面的认同感。日益频繁的国际合作使各国家、各民族之间的关系更加紧密。不同民族一方面不断地壮大和创新自身文化，另一方面又都在潜移默化地与其他文化进行密切的交流和互动。在这一过程中，人们不断对本族文化和异族文化进行异同对比，并对此产生深入的认识和了解。不同民族要以寻找共同话语为前提，放弃或变革一些原有的看法和行事标准，达到求同存异的目的；还要加强自身文化自觉性，树立跨文化交际意识，增强对本民族文化的认同感，确保本民族文化的生存发展权利。

在跨文化交际中，人类需要在不同民族的交往中建立相互的文化认同感，从而克服在跨文化交流中遇到的阻碍。

文化认同是人类在对自然认知基础上的提升，可以对人类行事准则和价值取向产生决定性影响，是人类对于文化内涵产生的共识与认可。基于此，文化认同经常作为语用原则指导具体的跨文化交际活动。

马冬虹[①]认为，在进行外语教学时，教师应该自觉地对中西文化进行对比，着重介绍中国文化，让学生充分地了解优秀的中国文化，并注意引发学生的民族自豪感，指导学生完成中国文化的英语表达，借此推动中国的传统民族文化精华在国际上的传播。同时，英语教学可以让学生更加了解世界和中国，而精通跨文化知识的学生能够让世界更加了解中国，让中国的优秀文化走向世界。本族文化的接受往往是一种潜意识的状态，由于缺乏有意识的引导和刺激，人们几乎不会反思自己赖以生存的文化，即使偶尔有类似的想法，也常常困惑于文化现象的繁杂无序而望而却步。进行文化教学就是为了加强学生对本族文化的了解和掌握，防止学生产生民族中心主义思想，帮助他们理性地认识自身的价值取向和行事习惯，进而培养他们养成开放、灵活的思维模式。费孝通认为文化自觉需要经历一个艰巨的过程，认识自己的文化是前提条件，然后再了解周围的多元文化，才能够在现今的多层次文化世界里定位自己，自觉地适应多元文化的存在，并与各种文化不断地碰撞和交流互补，共创一个普遍认可的、集各方之长、和谐发展的交际秩序和共处守则。

五、注重英汉语言文化、思维方式的异同分析

经过几个世纪的探索与发展，外语教学不断地走向完善，人们也日渐意识到，了解

---

① 马冬虹.加强实用性英语教学 构建大学英语教学新模式[J].中国高教研究，2003(11)：94-95.

目的语的特点是学好外语的前提，而了解目的语的特点的最有效的方法是与母语进行比较，发现并熟悉各自语言的特点，加以科学的分析，找到差异，这不仅有助于确定教学的重点和难点，增强教学的预见性和针对性，而且能有效地提高教学效果。

我国著名语言学家吕叔湘指出，让学生认识英语和汉语的差别，对中国学生学习英语具有巨大的帮助。在教学过程中，在词形、词义、语法范畴、句子结构等具体问题方面，教师都要尽量进行英汉两种语言的比较，通过比较使学生获得更深刻的领会。然而，实际的英语教学通常要借助多种方法，如直接法和对比分析法。直接法强调学生直接接受英语，让学生摆脱母语的影响，主要通过模仿来学习英语。这一方法主要适用于针对儿童的英语教学的初级阶段，在这一阶段，儿童受到母语的影响还不是很显著，直接法可以培养学生用英语进行思维和交际的能力，获得较强的英语语感，在听说能力方面的效果特别显著。但是，对于年龄较大的学生，特别是面对纷繁复杂的语言现象的学生，直接法并不能达到显著的效果，因为母语的干扰影响了学生的模仿能力和接受能力，妨碍了学生英语水平的提高，这时对比分析法无疑更适用于这些学生，特别是两种语言表述、文化内涵、思维方式的对比分析。通过这些对比分析，学生不仅可以排除母语的干扰，还可以克服盲目性，增强自觉性，提高英语水平和应用外语交际能力，做到"知己知彼，百战不殆"。

东西方文化和思维方式差异在英汉语言中的表现，如西方的理性思维与中国的悟性思维是英语与汉语的哲学背景。这一深层差异必然表现在用词、造句、成章的各个方面，如英语较多受亚里士多德的演绎法逻辑思维模式的影响；常用"凸显"语序，以及形合法、结构被动式和概括笼统的抽象性词语；注重显性衔接、语法关系和语义逻辑，也注重形式接应，"前呼后应"；词语和结构的主从分明、长短交错和替代变换，表达方式呈现出比较严谨、精确、模糊性较小、歧义现象较少等特点，用词造句方面能够遵守严格的词法和句法，造句成章也服从某种逻辑规则，适合于科学思维和理性思维。汉语常用意合法、意念被动句和生动具体的形象性词语；常用非演绎式的、领悟式的归纳型、经验式的临摹型或螺旋式、漫谈式的思维模式；注重时间先后和事理顺序，常用"自然"语序；注重隐性连贯，较常只把事情或意思排列起来，让读者自己去领悟其间的关系；注重语流的整体感，喜欢词语和结构的整体匀称、成双成对、对偶排比和同义反复，表达方式注重整体性，较多依赖语境。中国人习惯于整体领悟，常常通过语感、语境、悟性和"约定俗成"来表达和理解语句。

在教学中，对英、汉两种语言进行对比分析，不仅会对教学起积极的促进作用，对语言交际的顺利进行也十分有利。在对比分析的过程中，学生对英语和母语的各自特性能够获得更进一步的认识，对不同语言各自的表现形式和方法能够给予更多的注意，因而，在进行交际时，就能够有意识地顺应这些差异，避免表达失误，最终达到交际的目的。

第三节　跨文化交际能力培养的行为体系

跨文化交际能力的行为包括解决问题的能力、建立关系的能力、在跨文化情境中完成任务的能力。良好的个人文化适应和人际互动，能帮助人们在跨文化情境中完成工作任务。在跨文化英语教学中，教材的选用与教学策略的运用等行为体系直接影响学生跨文化交际能力的培养，是影响任务完成情况的关键因素。

一、确定大学跨文化英语教学教材编写特色

教材是教学内容的主要承载体，是教师和学生教与学的主要依据和向导，是完成教学任务、培养学生跨文化交际能力的关键。

因此，在教材选材时，教师既要考虑提高学生跨文化交际能力所能涉及的各个方面，又要注意设计形式多样的练习对学生在纷繁复杂的跨文化语境中进行交际所需要的各种技能加以训练。例如，从跨文化知识入手，解释语言表达中的文化内涵，扩大与文化有关的知识面，通过案例分析与点评，提高学生的全球意识与跨文化敏感度；通过情景模拟、角色扮演等让学生接触各种跨文化语境中的跨文化冲突，以培养学生观察与分析跨文化问题的能力。最后，教师要培养学生观察跨文化生活或工作环境中的文化问题，如各媒体所报道的新闻，或通过各种调查，或在实习中观察跨文化语境等。这些方法都是提高学生实际能力的关键要素与途径。教师如果在课堂中忽视这一教学环节，就不可能真正提高学生的跨文化交际能力，或只能提高学生的跨文化意识和跨文化敏感度。英语教学只有进入在现实语境中培养学生跨文化交际能力阶段，学生的知识积累和跨文化意识才能得以应用与体现，也才能将知识转换成跨文化交际能力。

（一）教材应体现文化内容与语言内容的自然融合

大学跨文化英语教学教材内容的编排应以文化主题为单位，在每一个部分中都重点突出文化、突出语言，在文化的潜移默化中，让学生更灵活地、更牢固地掌握语言的使用。正如张红玲所说："语言内容和文化内容有机地结合，是跨文化交际外语教学的核心思想。语言和文化同为教学的目的和手段，两者不可分割。在教材中，系统的文化主题构成教材的主线，而语言教学的内容实际上与这些文化内容融合为一体。"[①]

---

① 张红玲.跨文化外语教学[M].上海：上海外语教育出版社，2007.

教材要充分考虑学生学习的英语需求、语言环境、知识结构和层次等多方面因素，蕴含社会习俗、历史、宗教，特别是价值观等方面的内容，介绍西方不同国家的文化元素和中国传统文化，融入东西方文化对比研究，让学生学会如何对待差异。

教材要有助于培养学生批判性思维技能，要求学生以一种审视的眼光与批判的思维方式看待目标语国家事务，体验与本国文化不同之处，培养学生进行有效文化沟通。教材包含和传授的内容要充满积极的、使人奋发向上的精神，要将人类优秀的文化、高尚的思想道德通过语言潜移默化地传授给学生，要对学生世界观和价值观的形成产生深远的影响。

教材在题材的选取上要注意以下几个方面：

（1）适当地介绍目的语国家的历史、民族构成、政府机构、政治情况、经济发展与教育情况的基本特点，使学生对于目的语文化有较为全面的了解。

（2）选取母语文化中较为独特的优秀的侧面，增强目的语文化与本族文化的对比，培养学生对于文化差异的感知力和敏感性。

（3）尽力夸张文化的对比，使其不仅局限于本族文化与目的语文化的对比，还可以与其他非主流文化和主流文化进行对比，让学生对非主流文化和主流文化产生同样的理解和尊重。

（二）教材内容安排应循序渐进且多面化

文化的复杂性、动态性和多层次性，决定了文化教学内容的安排不能只是古板的说教或是传授知识后就一劳永逸。以文化为主题编写的教材应具有渐进性、可操作性，能弹性循环进行教学。唯有这样，学生对文化的体验与认识才能不断地深化。

教材内容的呈现要按照由浅入深、由表及里，从已知到未知、从具体到抽象的顺序进行安排。课程内容在不同阶段重复出现，范围逐渐扩大，程度不断加深。跨文化学科的教材要具备系统性、一致性、层次性、前沿性和时效性的特点，注重与时俱进，编排体系既体现西方国家的人文精神，又映衬出国内对人才需求理念所发生的重大转变；既要注重人文关怀，又要满足人文素质培养的现实需求。

（三）教材选用注重教学材料的真实化、语境化、多样化

张红玲指出，能适合跨文化外语教学的教材，一定要遵循教学材料真实化与语境化的原则。因为只有真实的语言教学材料才能刺激学习者对所学的内容和过程在认知、心理、态度和行为层面产生反应，才能让学生真实体验到跨文化交际过程。[①] 所谓教学材料的真实性就是指能在现实生活中使用，而不是单单为了教学而设计。语言与文化是密

---

① 张红玲. 跨文化外语教学 [M]. 上海：上海外语教育出版社，2007.

不可分的，越来越多的语言学者和教育学家都认同，任何一种语言都不能脱离特定文化下的语境。只有在考虑语境的情况下，语言的表达与理解才能充分与准确。

因此，跨文化英语教学材料的选用既要密切结合学生的生活，找到学生的关注点和兴趣点，又要使教材中的文化内容真实化和语境化；既要呈现各种文化知识，又要体现人文精神。具体地说，文章的选取要原汁原味，语言流利、自然，话题紧扣主题，涉及东西方文化差异、沟通技能、文化知识等，所有的语境均是在目标语使用的环境中，所有的信息都是在有文化意义的系统中进行传递。

教师可以通过设计相关跨文化意识和技能的练习，选用大量跨文化交际实践案例对学生进行综合训练，使学生运用语言知识、文化知识、实践语境（案例或模拟），结合具体的文化事例，模拟经历文化适应过程；可以通过案例进行交际实践，培养学生的跨文化敏感性、宽容性和处理问题的灵活性。

教材要系统地将跨文化动态人际关系的构建与跨文化交际知识和实践紧密结合，内容要体现文化的多元性、视角的多重性、问题的多样性和回答的灵活性。例如，跨文化交际领域所涉及的语言知识和非语言知识、不同国家的文化差异、不同民族的思维方式，价值观的异同、民族中心主义、文化歧视问题和思维定式等因素对跨文化交际的影响，以及跨文化调适与适应等内容。这种跨文化关系的建构侧重培养学生相对文化论的观点，以及处理文化冲突和调适时的态度和情感，使学生能够换位思考，以友好的态度看待多元文化，有助于学生深入了解、认知其他国家民族的文化，突破文化单一论的局限，帮助学生理解语言与行为、价值体系与行为规范的关系，使学生能够透过现象把书本知识和现实生活密切联系起来，从根本上了解和熟知本族文化与异族文化的异同和根源；最终，使得学生能够以开放、包容的态度对待异族文化，对不同民族的文化价值观、风俗习惯、行为方式和思维模式从不同的角度进行思考和评价。最后，通过案例分析，以模拟训练的形式，使学生在课堂教学中体验真实的跨文化交际，为学生实际跨文化交际可能遇到的问题提供解决方法、指导和实践经验。

（四）加强教材与练习的编排设计，促进学生自主学习

张红玲曾提出跨文化外语教学中的 10 条原则，其中特别强调的是在实施跨文化外语教学时，要实行以"学习者为中心，引导学习者自主学习为主的教学模式"。[①] 庄智象明确提出"练习设计则更应按教学和认知要求设计，应具备趣味性、互动性、针对性，服务并促进文化和语言的习得"。[②]

教材内容的编排设计十分重要，既要有趣味性，能激发学生的学习兴趣；又要有针

---

① 张红玲. 跨文化外语教学 [M]. 上海：上海外语教育出版社，2007.
② 庄智象. 全国高校"新理念"大学英语在线教学试点方案 [M]. 上海：上海外语教育出版社，2004.

对性,使学生对设定的教学目标一目了然,让学生学得明白、透彻。在练习的设计中,教师要安排让学生自行组成小组进行讨论与分析的部分,让学生有空间去充分思考与审视文化因素,既能促进互动,又可体现较高的学生参与性。在练习中,教师要注重实践方法,为学生创造情景、语境,让学生在身临其境中去体验与感受,甚至去角色扮演(Role-play),让学生在模拟的情景与语境中去分析、讨论和运用,提高学生学习的自觉性和自主学习的能力。教材中要安排学生自主完成的练习,围绕单元技能或主题补充学生的课外知识,使学生扩大知识面,对不同文化有更深入的认识和理解。

跨文化交际教学常用的教学方法有注解法、融合法、实践法、比较法和专门讲解法;还可以利用文化讲座、关键事件、文化群、模拟游戏等方法强化教材中文化内容的学习,使教材内容的选配适合不同的教学方法,使教学形式更加灵活多样,易被学生接受而不致僵化乏味。

二、大学英语跨文化教学策略运用

世界文化多元化及跨文化交际的迅猛发展对跨文化英语教学提出了新的挑战和更高的要求。跨文化交际能力的培养已成为新世纪跨文化英语教学的主要目标,自觉的跨文化意识以及对异族文化的敏感性和洞察力,是跨文化人必备的素质。为此,加大力度研究跨文化教学策略,培养学生的跨文化交际能力已成为跨文化英语教学的重中之重。

(一)加强教师的跨文化训练

世界经济全球化和文化多元化进程的快速发展,使语言的使用更多地脱离语言发展原有的社会文化环境。在非母语环境中使用时,这一语言必然要经历再语境化的过程。在这一期间,此语言与一种与其本族文化不同的文化发生了关系并彼此相互作用,就会造就出一种新的交际模式。发生变化的不仅仅是交际进行的大环境,从本族文化和社会到地方文化和社会,各种交际环境都在发生变化。很多以该语言作为外语使用的人会有意或无意地把自己文化中的价值观念、行为规范和交际模式应用到外语交际中,使得语言使用的小环境(包括交际场景、交际者之间的关系、有效交际和礼貌交际的态度等)也发生了变化。总而言之,语言一旦脱离本族文化,经历再语境化,就会与地方文化发生联系,这就为英语教学跨文化培训的开展提供了条件和机会,并使其成为可能和必然。

(二)创设课外文化学习环境,培养学生自主学习的能力

自主学习已经成为学者争相探讨的一个话题。对于什么是自主学习,学者各有所见。狄金森(Dickinson)认为,自主学习是一种对自己的学习做出决策的责任的态度表明,又是一种对独立学习的学习过程的决策和反思的能力。李特尔伍德(Littlewood)指出

自主学习是指学生独立做出选择，想对自己的学习负责的愿望，是学生的动机和信心。同时，自主学习也是学生能够选择并且自己学习这些知识的能力，是学生的选择能力和执行能力。也就是说，学生的动机和信心决定了他们独立行动的愿望，他们的知识和技能的程度则决定了他们独立学习的能力。文登（Wenden）则更加明确地指出，成功的学习者之所以成功，之所以具有专门的知识和技能，之所以具有才智，主要是因为他们学会了学习，掌握了学习策略，具备了有关学习的知识和技能，能够独立于教师充满信心地、灵活恰当地运用所掌握的知识和技能，他们完全是自主的。

第六章 应用型人才导向下大学英语教学方法的创新研究

第一节 应用现代教育技术转变大学英语教学方法

传统的大学英语教学存在一定的不足,本节结合笔者自身教学经验,进一步提出了在应用现代教育基础上的新的大学英语教学方法;同时也突破了对于多媒体技术的盲目使用,分析了在大学英语教学中多种多媒体技术的应用,进一步提出了在大学英语教学中不同的教育技术所应用的最佳状态,为未来的技术英语教学奠定了基础,也有利于深化大学英语教育教学改革。

在我国的经济和科技水平不断提高的背景下,高等教育取得了突破性进展;但是,随着社会不断发展进步,人才的培养有了更高的要求,外语人才的培养在普及外语工作中占有重要的地位,是各个高校都在努力开展的工作。正如大家所知道的,英语是目前世界上使用最广泛的语言,而自从我国加入世界贸易组织以来,很大国外的公司都来我国进行投资,奥运会的成功举办也向世界展示了中国的风采,中国正在朝着经济大国努力迈进,正在努力和世界接轨;在世界的大舞台上,中国将发挥更多的作用。在这一背景下,各个方面对于英语人才的需求比较多,同时也对个人的英语听、写能力有了更高的要求。笔者通过与自身的大学英语教学工作相结合,以实践为基础开展研究,不断反思传统的大学英语教学方法和现代教学体系中不合理的一部分,同时还要在英语教学实践里应用教育技术,分析不同的教育技术在大学英语教学工作里的最合适之处,使大学英语教学有了新的发展途径[①]。

一、传统大学英语教学存在的缺陷

目前的大学英语教学工作是经过历代英语教育工作者共同努力得来的,他们对于大

---

① 王允庆,孙宏安. 高效提问 [M]. 高等教育出版社,2016.

学英语的教育经验已经相当丰富,在经验的带领下,培养出很多高素质的英语人才。但是,大学英语教学仍然存在着一定的问题,具体来看主要有以下几点:

(一)大学英语教学模式过于单一

大学英语教学一直在努力改革,在 2004 年教育部组织制定了《大学英语课程教学要求(试行)》以后,我国的大学英语改革不断深入;但是,具体的大学英语教学实践,仍然以教师作为教学过程的核心,实行的是"满堂灌"的教学模式。在课堂的授课过程中,教师一味地讲解在课文中出现的英语知识,分析课文的语法结构,忽视了学生的主观能动性,不利于提高学生的学习兴趣。

(二)学生在学习过程中缺乏练习

在传统的大学英语教学模式下,学生是被动地接受知识的。在课堂学习中,他们只是局限于对知识的记忆,对于英语的学习局限于背诵层次,具体的实践练习机会比较少。另外,学生缺乏课堂之外的练习,导致出现哑巴英语的现象,就算学生可以做题,也可以在考试中取得好的成绩,但是不能用英语与人沟通交流。

(三)媒体应用存在形式主义

我国的教育改革正如火如荼地开展着,这在一定程度上也冲击了大学英语教学,越来越多的多媒体技术被应用到大学英语教学工作中。但是,很多教师在应用中仅仅发挥了教育技术的几个作用:第一,教师单纯地向学生展示多媒体应用技术;第二,有效地减轻自己的备课工作量。很多学生发现,教师的课件内容在教材上都有所体现,这样一来,他们就认为自己不仅可以不用记笔记,也可以不用听课。长此以往,所谓的多媒体教学就变成了形式主义。

(四)教与学的观念高度统一

从现在的状况来看,大学英语的教与学是高度统一的。每年两次的四级、六级考试的规模比较大,参加的人数也比较多,有利于全面提高大学生英语的水平,也可以督促大学生学习英语。然而,很多高校把教师评优和评职称与学生的四级、六级成绩结合起来,使很多教师不得已只能把四级、六级当作指挥棒,仅仅是为了培养学生的应试水平。在这一背景下,学生为了通过四级、六级考试,只能用题海战术麻木自己,对于实际运用能力的重视力度不足,导致个人的探索能力和实践能力不高。

(五)学生水平存在一定差异,对于教材的理解不够深入

大学英语教学倾向于对词汇和表达方式的应用,这就导致基础较差的学生难以更好地理解教师讲述的内容,长此以往导致这些学生难以吸收教师所讲授的知识。另外,社

会上的英语复习资料比较多，有的复习资料传授的应试技巧存在不合理性。就拿一些材料的英语阅读理解来说，有一部分教学材料认为学生完全看不懂材料也可以选出正确答案，这无疑会消减学生学习英语的积极性，对于学生英语的实践能力产生不良影响。

二、大学英语教学寻求现代教育技术媒体的"最佳适用点"

在教育媒体里，现代教育技术媒体是关键的一部分，是对19世纪以来人类社会产生的多种科学技术的应用。广播、电视、录音、投影和计算机等多媒体有各自的优势和特点，在大学英语教学实践中，它们被应用到多个方面的大学英语教学。大学英语教学要寻求多种教育技术的最合适的使用点，使各种教育技术可以实现其最大价值。要想使多媒体教育技术的效果最大化，主要有以下几个方式：

（1）英语听力、口语练习可以由录音媒体辅助开展。录音媒体是在英语教学中应用最广泛的现代教育技术媒体，凭借可控性和操作简单的特点赢得了教师的青睐。录音媒体可以创造多种语境，为学生提供语音范例。另外，录音媒体操作比较简单，而且对于录音的教材没有要求，打破了时间和地点的限制，有利于开展情景教学。除此之外，在口语训练的过程中，学生可以把自己的声音录入，通过回放可以发现自己的口语发音存在的不足，以便促进自我提高。另外，对于教师来说，可以对水平不同的学生使用不同的录音教材，开展有针对性的训练。

（2）教师手工操作投影媒体可以激发学生对单词的学习兴趣，还可以快速地展现学习内容，在单词的学习上效果最佳。教师可以通过手工操作投影媒体把部分字母去掉，使学生可以在游戏中记住单词，有利于学生加深印象，这在一定程度上是格式塔学派的完形理论在学习环境中的巧妙应用。教师通过遮盖法可以更好地激发学生的学习兴趣，满足学生自身的求胜心理。另外，手工操作投影媒体可以激发学生的思维和表述的积极性，营造良好的师生互动氛围。除此之外，这种方式可以使学生更好地学习单词，加强记忆，也突破了过去的单词学习方式的枯燥和乏味，有利于激发学生对于单词的学习兴趣。

（3）教师通过电视媒体开展情境教学，有利于提高学生的听、说能力。电视媒体对信息的传递是通过动态的方式完成的。在英语听、说训练中，形象的情景帮助教师更好地开展教学工作。首先，教师可以通过预先准备好的教学材料使学生有身临其境的感觉。其次，教师可以鼓励学生利用电视媒体进行分组配音。电视媒体的运用能够使学生注意力集中，增强学生的观察力和思维能力，有利于学生开展听、说课程。

（4）教师通过计算机开展教学，有利于学生提高综合语言能力，使学生的听力能力、语言交际能力和阅读能力取得突破。计算机媒体可以把课本上枯燥乏味的文字变得有生命,充分激励学生更好地开展英语学习活动。另外,学生可以利用计算机听录音、看英文电影、听英文歌曲等来学习英语的语音和语调,积极改正错误的发音,能够更好地理解一个词语或者一句话的应用,进一步提高和加强听、说、读、写的综合运用能力。

(5)教师运用互联网能够进一步提高学生的阅读、写作能力。在现代的生活和学习中,互联网已经发展成非常关键的信息源。因此,教师要按照教学内容来设计相关问题,使学生在课前借助互联网进行预习。另外,教师也可以提供给学生有助于提高自我的网站,积极引导学生拓宽知识面。通过互联网,学生可以在真实的、直接的英语互动学习环境中提高获取信息的能力。教师还可以利用互联网提供给学生进行阅读和查阅的网络图书馆和电子字典,使学生可以更好地开展学习。在互联网上有指导学生写作的网站。利用这些网站,学生可以接触到一些真实的、自然的语言材料,还能够拓宽知识面,进一步学习与写作有关的技巧方法。在写作之前,学生要有一定的知识储备,这样写出的文章就不会显得过于空洞。

在科技水平不断提高和大学英语教育改革不断深入的背景下,越来越多的多媒体教育技术被应用到教学模式里,本节浅谈了几种转变大学英语教学方法的技术作用,为相关研究者提供参考和借鉴。

第二节 促进翻转课堂运用于大学英语教学的方法

翻转课堂是伴随计算机技术发展而出现的新型教学方式。该教学方式的出现跳出了传统教学思想的束缚,号召给予学生教学主体地位充分的关注,对于学生学习兴趣和综合能力的提升具有特别大的促进作用。本节简要阐述了翻转课堂的内涵,并从当前大学英语教学的实际情况出发,创造性地提出了一系列切实可行的方法,以更好地促进翻转课堂在大学英语教学中的运用。

改革开放以来,随着政府对外开放步伐的日渐加快,中国与世界的联系进一步紧密。作为全世界通用的语言,英语受到了许多人的关注。在此种社会环境下,如何提高大学英语教学效率,增强大学生的英语交际能力便成了当前大学英语教学的一大热点话题。"翻转课堂"便是在此种社会环境下伴随网络的进步而慢慢普及的,它摒弃了"满堂灌"式教学法存在的不足,科学利用互联网资源,给学生提供了一个良好的学习环境,对于学生英语能力的提升具有特别大的促进作用。

一、翻转课堂内涵简介

翻转课堂，又名反转课堂。此处所说的反转即颠覆传统教学以教师为核心、以学生为辅助的现象。在翻转课堂这一教学方式下，学生是教学的主体，而教师仅仅是教学的辅助。翻转课堂的通用教学流程：教师把教材的重点、难点和知识点等完美地融合在一起，并制成教学视频；学生在课余时间提前展开知识的预习，借助教学视频展开自主学习。此种知识的传递依托互联网信息技术。学生在借助视频学习后，可自行展开在线测试，对自己的知识掌握情况进行检验。在此种教学方式下，教师可以仅充当部分难题解答者，同时亦可以在课堂上尽可能多地为学生提供彼此交流的机会。总之，翻转课堂为学生提供了自主学习、共同合作的平台，属于一种与时代发展相符的新型教学方式[1]。

二、促进翻转课堂运用于大学英语教学的方法

（一）科学拟订教学规划，创建多方位资源平台

由于翻转课堂囊括视频制作、视频观看和在线测试等一系列构成部分，为了确保大学英语教学的有序展开，教师要拟订恰当的教学规划。具体而言，教师可从如下几方面着手：第一，教师在挑选课前学习视频时，要顾及学生的差异性，确保所选视频难度与学生的实际水平相符；第二，教师在创作视频过程中，要重视语言的精准性和可用性。教师在挑选互联网资料时要反复筛选和对比，以确保创作视频的质量。除了拟定科学的教学规划外，教师还需创建多方位资源共享平台。教师可创建教学 QQ 群、微信群，借助此类平台与学生展开在线交流，对学生在学习过程中所遭遇的疑问进行解答；当看到比较好的学习资源时，也可以通过此类平台将资源分享给学生。

（二）选用探究式学习方式，提高学生的英语水平

翻转课堂将学习的主动权交到了学生手中，这对于学生综合素质的提升是特别有利的。鉴于此，教师在进行英语教学时要紧扣教学核心，科学利用翻转课堂的特性，培养学生自主探究和钻研的能力，促进其英语综合能力的提升。就目前来看，我国绝大多数大学生在英语学习方面均存在如下现象：阅读、写作能力较好，听力、口语能力较差。导致此种现象出现的主要原因是传统的"填鸭式"教学法极大地扼杀了学生的学习主动性，所以为了提高学生的英语综合水平，教师在教学时应选取恰当的措施，以尽可能地提高学生的学习主动性：第一，教师可以有针对性地给学生布置预习任务，倡导学生通过多次观看教师所选视频的方式寻找答案，充分发挥学生的学习能动性，提高学生的听

---

[1] 赵周，李真，丘恩华. 提问力 [M]. 北京：电子工业出版社，2018.

力水平；第二，就提高口语水平而言，鉴于课堂的某些任务学生已经通过反复观看预习视频完成了。在此种情况下，教师便可鼓励学生在分小组讨论的过程中积极使用英语，亦可让学生通过角色扮演的方式，把视频里的内容展现出来，力求为学生口语能力的提升打下牢固的基础。

（三）创建良好的课堂氛围，积极进行查漏补缺

鉴于良好的课堂氛围对于学生学习主动性、积极性的提升有着非常大的促进作用，且教师在课堂上引导学生所展开的查漏补缺能够让学生对所学的知识有一个全面且透彻的理解，在选用翻转课堂实施大学英语知识传授时，教师要做到如下三点：其一，革新传统教学所推崇的课堂理念及氛围，不但需给予学生的教学主体地位充分的关注，亦需尽可能地发挥教师的引导作用，教学时应收放自如；与学生建立良好的师生关系，让学生爱上英语学习，敢于将自己内心的疑惑、问题表达出来；其二，教师应积极引导学生查漏补缺，在学生碰到预习视频、音频中难以理解，抑或遗漏的知识点时，教师需为学生展开系统的讲解和补充；其三，教师应对学生的学习情况展开总结和评价，指出学生所存在的不足，如此方可有效地促进翻转课堂在大学英语教学中的运用。

作为伴随社会发展而出现的新式教学法，翻转课堂与社会的发展需求相符，是教学工作者与时代共同进步的集中体现。此种新式教学法与大学英语教学的融合和实践摆脱了传统教学理念的束缚，给予了学生的教学主体地位应有的关注，极大地促进了学生学习兴趣和主动性的提升，提高了大学生的英语综合学习能力，给大学英语教学注入了全新的血液，为大学生的可持续发展奠定了坚实的基础。

第三节　基于项目驱动教学理念的大学英语教学方法

项目驱动教学法旨在对学生的自主探究能力、自主学习能力等进行培养，并使其在教师布置的学习任务的引导下充分发挥学习积极性。这一教学理论能够满足大学英语教学培养学生英语综合应用能力的教学目的，但是在实际运用中，还需要教师、社会和学生转变角色，为这一教学方法能发挥其应有的效果创造良好的环境。

随着教育体制改革的不断深化，传统的大学英语教学理念已经不能适应发展需要。项目驱动教学理念建立在建构主义理论的基础上，为大学英语提供了有效的教学方法指导。

一、项目驱动教学法基本概述

所谓项目驱动教学方法，是指以项目为形式展开教学，教师充分发挥指导角色的作用，指导学生在精心设计的任务中进行探究性学习的过程。这种教学方法基于建构主义理论，能够调动学生的学习积极性，使学生在教师制订的教学计划下参与教学活动，充分凸显了学生的主体性地位，使学生在理论和实践的结合下，提高知识掌握能力，并提升综合素质。

二、基于项目驱动理念的角色转变分析

（一）关于教师角色的转变

不断深化的教育体制改革要求教师转变角色，实现传统知识传播者向学生学习过程中的协助者、指导者以及共同学习者进行转变。教师应该积极地磨炼教学技能，拓宽教学知识体系，不断地寻找问题、提出假设，制订讨论计划与实施方案，选择合理的信息获取与评价方式，与学生共同探索目标知识的问题，共同获得新的理解，展示最终的成果，提高教与学的质量。

（二）关于学生自身的角色转变

《学记》中提出的"教学相长"理论，言明了教与学的相辅相成。在项目驱动理念下的学习过程中，学生与教师要相互促进、共同提高。以往师生之间、学生之间都存在明显的知识信息差距，应该鼓励学生与教师共同发挥其才能与专长，创造性地解决问题，并共同展示教与学的良好成果。因此，实现学生角色转变具有一定的合理性。

（三）关于社会角色的转变

项目驱动理念鼓励学生将学习渠道拓宽到课堂外和社会中，例如可以从职场人士或者科学家身上获得资源。互联网的迅速发展为学生的课外学习提供了多样化的渠道，使其在获取信息时更加便利。因此，社会在学生的学习过程中也充当着重要的角色[1]。

三、项目驱动教学理念下的大学英语教学方法

（一）创设英语教学情境

语言与生活具有紧密的联系，英语学习最终的目的就是学生在实际生活中能熟练综合运用这一门语言。因此，大学英语教学应该以英语实际应用能力作为其核心教学目标，

---

[1] 陈帅.大学英语修辞教学探析[J].湖北经济学院学报，2013（9）：203-205.

实现英语学习的生活化,创设良好的情境,在教师的指导下让学生带任务融入创设的情境中,直接感受学习语言的过程。例如,教师可以针对"Dreams and ideals"(梦想与理想)这个话题创设情境,采用角色扮演的方式组织学生进行活跃的辩论。

(二)制定项目(确定问题)

在情境创设的氛围中,教师要让学生带着任务,也就是将要解决的问题融入情境中,以问题为中心进行学习,使得学生在明确的目标指导下探究问题,有效地激发学生的积极性。解决问题还可以增强学生学习的热情,以及不断探索的好奇心与欲望。教师应该指导学生基于原有认知结构去解决这一任务带有的问题,在解决问题的过程中挖掘新的知识点,实现新知识与旧知识的有机融合。例如,《新视野大学英语》第一单元的"Learning a foreign language"(学习一门外语)中,教师可以根据这一课程的中心设置多个问题,如:What are the difficulties in learning a foreign language? What strategies does the author propose?(外语学习的难点是什么?作者提出了什么样的策略?)这些问题的讨论能够在学习英语时为学生提供正确的指导。

(三)项目的实施——自主学习+协作学习

项目驱动教学方法主张让学生自主去解决实际问题,并在这个过程中建构起新的英语知识体系。教师要在其中发挥正确的引导作用,适当的时候可以给予学生一些解决问题的基本线索,例如可以参考哪些资料,可以仔细分析哪些情节来获得信息等,促使学生去自主探究。学生也可以根据自己的认识水平与兴趣爱好进行任务分工或者分组讨论,在协作学习的过程中解决任务中的问题。学生交流了意见之后,也可以向教师提出自己的问题。教师应该及时为学生答疑解惑,适时增强学生的学习热情与探究兴趣。

(四)项目驱动理念下大学英语教学的评价

项目驱动法提出了学生参与教学评价体系的要求,将过程评价与阶段性评价纳入评价体系中。在项目计划的实施过程中,可在小组内部或者小组之间进行持续的评价,教师也要更新自身固有的教学评价体系,在新视角下看问题。这种评价方式可以实时监控项目计划的实施情况,并有利于进行及时、适当的调整。学生之间的相互评价可以促使其认识到自身的优缺点,并努力弥补不足,提高能力,充分发挥合作与竞争的相互促进作用。

总而言之,基于项目驱动理念的大学英语教学方法是当下的新型教学方法,能够充分调动学生的学习积极性,提高学生的语言运用能力,并在自主学习与协作学习中增强学生的自主探究的兴趣与能力,还可以促使学生在参与评价的过程中找到不足,克服缺点,提高学习质量。

第四节 基于思辨能力培养的大学英语教学方法

英语课程教学改革的不断深入，对大学生综合能力的要求不断提高，而思辨能力作为综合能力中尤为重要的能力，被越来越多的教师视作课堂教学中的重要内容。但目前对学生思辨能力的培养仍很匮乏，具体表现在两个方面：一是教师的教学目标把握不明确，教学体系不够灵活，缺乏对现有资源的合理利用；二是大学生思辨能力缺乏的状况普遍存在，表现在大学生的主动性差、学习被动僵化、缺少团队沟通等方面。

一、大学英语教学在思维能力培养方面存在的问题

（一）教师教学存在的问题

1. 课程体系设计不够灵活

大学英语相较于初中、高中英语给学生提供了更多的选择性，不局限于让学生学习基础知识，并开设多门教学课程满足学生多样化的兴趣需求。尽管兴趣是最好的老师，但是分门别类的课程仅仅关注学生的兴趣程度是远远不够的。首先，大学英语分为必修课与选修课，必修英语通常与初中、高中课程类似，设计缺乏个性化；选修英语规定学生自主选择，学生在选择课程时会受课程难易程度、通过率、教师对于出勤率的考察等影响，最终偏离教学体系设计的初衷。其次，由于个人水平的差异，学生的英语水平良莠不齐，如果教师在教学体系的设计上缺乏针对性，那么不同层次的学生均无法得到全面的发展。

2. 没有合理利用现有教学资源

大学的教育教学设备相对初中、高中来说配备完善，网络资源也廉价易取，可以满足教师对于大学生思维能力培养的需求，但教师在实际教学中仍然沿用传统的教案黑板式教学方法，传统的教学理念无法贴合当下大学生对课程丰富化、趣味化的需求，枯燥无味的课程可能导致学生在学习过程中产生厌恶情绪[①]。

（二）学生自身存在的问题

很多大学生不够重视英语学习，一般除英语专业的学生对此门课程较为重视外，其他专业的英语课均为公开课形式，学生对于公开课的重视程度不够，这是长期教学和评判方式所造成的。另外，学生沿用初中、高中英语学习的方法，机械地背诵和记忆课本

---

① 王涛. 大学英语教学中英语修辞格的赏析 [J]. 英语广场，2013（10）：97-99.

知识，对英语的学习停留在简单的单词、句子上，忽略了整体的思维逻辑；学生自身对于学习较为功利化，只为考试顺利通过，在学习上缺乏主动性，没有探索欲望，这就导致教师在传统教学理念指引上寸步难行。

二、大学英语教学对于思维能力培养的重要性

思维能力是学生受益终身的一种素质能力，启发学生思维能力将会开发学生的逻辑系统思维，完整的逻辑结构将会使学生更快、更清晰地把握事物，对事物认识能力的增强、思维能力的强化都会大大提升学生的学习效率，学生可以将面前的全部资源快速优化整合，高效运行，学生的自主学习能力和独立性也会随之增强。

三、如何在大学英语教学中培养思维能力

（一）教育学生从感性认识上升至理性认识

当前学生在英语学习中缺乏理性思考，停留在事物的初步认识当中，即看到什么就表达什么；对于教师教学来说，能够描述发生的现象仅仅是教育教学的初步阶段，如果教学停滞在这一阶段，那么学生的思维将一直处在肤浅、浅显的状态，无法深入认知和了解事物。学生太为感性是不可取的，教师要引导学生发现事物背后蕴含的本质，了解事物内部间的联系，把握住事物内部间的矛盾，从宏观角度认识事物发展的规律。

（二）教师转变教学观念，提升综合素养

教师的教学观念应该与时俱进，借鉴先进、科学的教学方式，突破传统教学中的固有弊病，将素质化教学贯穿教育始终，不断提高学生的自主能动性，对不同素质的学生采取针对化的教学思路和方式，拒绝千篇一律，鼓励学生个性化发展，注重夯实学生语言基础，引导学生多视角、跨文化理解教学内容，逐步提升学生的思辨技能；同时，教师应充分利用当前可使用的众多资源，以及丰富的网络资源进行教学。

（三）改善评测模式，引进新的评测方式

传统评测模式分为课堂表现、课后考试两个方面。课堂表现多为对学生出勤率的考察，这样的评测模式无法清楚地了解学生对课堂知识的掌握情况，且较为单一化。教师可以引进新的评测方式，即课堂上评加课堂后测的新模式，在课堂上对学生的知识掌握情况通过提问进行检查，结合教学问题布置任务，让学生在课后组成小组团队沟通探讨，在课上展现讨论成果，并就具体内容进行阐释讲解；还可以通过引入思维导图结构，提供关键元素让学生拆分补充，拓展思维导图，以充分提高学生的自主能动性。

总而言之，对学生的思辨能力进行培养，不仅可以提升当前大学生的社会创新能力，还可以体现教学体系的改革的社会意义和指导价值。当前，在大学英语教学中，把学生思辨能力培养与大学教学进行融合，把大学英语知识当作载体，利用思辨能力培养以及大学英语教学融合的方式，可以提升学生独立分析和应对问题的能力，从而提高大学生英语思辨能力。

第五节　思想政治教育融入大学英语教学的方法

大学教育兼顾智育与德育，教师不仅要教授学生知识，还要塑造学生的灵魂。传统的大学英语教学仅注重英语知识与文化的讲解，并未把思想政治教育融入其中。实际上，英语课程中的很多内容都可以作为思想政治教育的切入点。在英语教学中，很多教师也在不经意地、潜移默化地对学生进行思想政治教育。因此，在大学英语教学中融入思想政治教育是可行的，且有益于学生的全面发展。

大学生在融入社会之前，除了要具备较高的知识水平外，良好的思想道德品质也是十分重要的。当代大学生的特点是思想逐步走向成熟，但还未能完全适应社会的需要。高校思想政治教育主要是通过相关课程完成的，如马克思主义基本原理概论、毛泽东思想和中国特色社会主义理论体系概论、思想道德修养等。同时，高校辅导员对学生的思想政治教育也起着重要的作用。思想政治教育要贯穿学校教育的全过程，即在各个学科中渗透思想政治教育。

很多人都认为最不可能渗透思想政治教育的是英语学科，实际上，大多数英语教师都接受过高等师范教育，掌握心理学、教育学、教师职业能力等专业知识，且很多高校英语教师都是中国共产党党员，有能力承担起教书育人的职责。因此，思想政治教育同样可以融入大学英语教学中。

一、在大学英语教学中渗透思想政治教育的可行性分析

首先，大学英语教学的特点有助于教师在授课过程中潜移默化地对学生进行思想政治教育。大学英语课时相对较多，覆盖面广。大学一年级和二年级是大学生的世界观、人生观形成的时期，十分适宜渗透思想政治教育。同时，大学英语教学内容题材广泛，尤其是西方文化方面的内容在教材中有广泛的体现。在视听说课程中，除了西方文化的听力材料外，新闻英语听力内容也会涉及中国与世界的关系、西方如何看待中国等内容。

翻译练习更是包括了中国文化，以及提升学生民族自豪感和自尊心的内容。而这些内容是其他学科不具备的，这也为英语教师提供了思想政治教育的切入点。大学英语教学形式多样、内容丰富多彩。教师在教学中可以进行分组讨论、辩论、演讲等活动，有利于学生进行东西方思想、政治、文化的对比。

其次，大学英语教材是思想政治教育的辅助材料。教师可以运用英语教材的内容辅助思想政治教育，帮助学生进一步理解社会主义核心价值观和"四个自信"，培养学生良好的思想道德品质，发展个人综合能力。大学英语文化内容丰富，包括西方文化、中国文化以及文化对比等内容，通过对比可以提升学生的民族自豪感和自信心。

最后，大学英语教师在思想政治教育方面具有专业优势。目前，很多英语教师的个人专业能力较强，对英、美等西方国家的经济、历史、文化了解透彻，在英语教学中可以充分发挥这一优势，将西方国家的发展现状客观地介绍给学生，让学生在比较中认识到社会主义制度的优越性，从而自觉抵制西方资本主义腐朽的思想文化，坚定社会主义的道德观，形成正确的世界观、人生观和价值观。

二、思想政治教育融入大学英语教学的方法和途径

目前，大学英语教学主要包括读写课和视听说课。学生自主学习内容包括慕课、线上读书等。教师应在英语教学中寻找思想政治教育的切入点，并将思想政治教育设置在教学目标中，潜移默化地将思想政治教育渗透给学生①。

首先，从教材入手，制定教学目标。大学英语教材每个单元都有相应的主题，这些主题往往涉及西方国家的政治、经济、文化等方面的内容，以及作者是从某个角度对话题进行探讨的。教师在备课过程中，可以将这些知识与我国的政治、经济、文化对应起来，尤其是时事政治，这样就可以解决大学英语教学中中国文化缺失的问题，即在英语教学中，教师只注重西方文化，而忽略中国文化的现象。在以学生为中心的课堂教学过程中，教师还可以根据教材内容，增加关于两种文化对比的介绍，并设置相关的任务，让学生分组学习并讨论，对比两种文化的不同，引导学生树立民族自豪感和自信心。

其次，在大学英语四级、六级考试辅导中渗透思想政治教育。例如，新闻英语听力中很多新闻是关于西方国家政治、经济等方面的内容，教师可以为学生提供相应的背景材料，增加国外对中国客观评价与看法方面的听力材料，进而提高学生的民族自信心；大学英语四级、六级的翻译题均涉及中国的政治、经济、文化，教师可以通过练习真题，扩展相关材料，同时进行中外对比，增强学生的民族自豪感，使学生在学习语言的同时，

---

① 夏俊萍.浅析大学英语教学中学生修辞鉴赏能力的培养[J].吉林工程技术师范学院学报,2014(10):68-70.

提高自身的思想政治觉悟。

最后，拓展大学英语自主学习内容。教师可以通过BBC（英国广播公司）、VOA（美国之音）以及国外网站，增加学生阅读英文时政消息的渠道，使学生获得西方国家对我国正面的、积极的认识与评价，进一步提高学生的民族自豪感与自信心。教师还可以通过自主学习的方式，加强学生对时政的了解，并让学生用英语表达对时政的看法，使学生潜移默化地接受思想政治教育。

总之，在大学英语中渗透思想政治教育是可行的。教师应当引导学生在英语学习中重视中国政治文化知识的学习，正确看待西方国家对我国政治、经济、文化发展的评价，在对比中增强民族自豪感，树立正确的思想道德意识，从而成为合格的社会主义事业建设者和接班人。

第七章 应用型人才导向下大学英语教学的实践应用研究

第一节 多模态的协同在大学英语教学中的应用

当前导致大学英语教学效果不理想的原因众多，其中教学模态单一以及各个模态之间缺乏协调是致使大学生不愿主动学习、大学英语课堂教学效率低的重要原因。在大学英语教学中应用多模态协同能够调动学生的听觉、视觉、触觉，通过图像、声音的引导，强化英语沟通能力，提升大学生的英语素质。

一、多模态的协同

多模态是指运用多种构建意义的手段与符号资源，尽量将人的听觉、视觉、触觉等多重感觉结合起来开展信息传播与交际的行为。模态之间的关系是由具体语境与交际目的所决定的。通常来说，视觉模态和听觉模态是人们交际过程中选择的主要模态形式，而嗅觉、触觉、味觉等是辅助型的交际模式。在实际沟通交往过程中，为了传递某种特定的含义，交际者可以同时运用多个模态或实现多个模态之间的转换。模态选择的合理性取决于交际者利用媒介的能力和多模态识别能力。长时间以来，大学英语教学都只关注英语的词汇、句子、语法的知识点教学，教学方式与目标仅仅是从单一的文字模态入手，鲜有融合非文字的模态形式来进行课堂教学活动。伴随着互联网技术与信息技术的发展，多模态以及多模态协同已经开始对大学英语课堂教学产生影响[①]。多模态的协同教学，即教师在课堂教学过程中要运用多模态开展教学，课堂需要涵盖视觉模态、听力模态、口头模态、书面模态、体形模态等。在大学英语教学中，多模态的协同就是利用互联网、多媒体技术等客观环境与条件，为大学英语教学提供多种语言与非语言的多模态语境。多模态协同在大学英语教学中应用的基本目标就是要提高学生运用英语开展多模

---

① 柴霞.基于"对分课堂"的大学英语教学实践与反思[J].佳木斯职业学院学报，2016，（06）.

态交际的能力，提高学生通过多媒体与多模态自主学习的能力，以满足社会发展与经济全球化对大学培养高素质人才的要求。

二、多模态协同在大学英语教学中的作用

在大学英语教学中，应用多模态协同能够起到以下作用：第一，融合语言模态和非语言模态，激发学生参与学习的积极性。多模态协同理论中的非语言模态能够在传递信息时发挥巨大的作用。非语言模态主要包括身体特征、教学环境、教学道具等。在多模态协同教学下，教师可以利用图片、音频、视频等方式对英语知识点进行多方位的全面分析。例如，在大学英语词汇教学中，教师可以播放含有需要学习词汇的英文歌曲或英文原声电影，以吸引学生的注意力，调动学生参与学习的积极性，使学生深化对词汇的记忆。第二，实现学生多感官互动。多模态协同在大学英语教学中能够实现视觉与听觉的互动，调动大学生的各个感官，以生动地讲授英语知识点。例如，在大学英语课堂中，教师可以通过有感情的语言以及丰富的肢体动作，配合背景音乐来渲染教学氛围，让英语课堂变得更加和谐、有趣，激发学生学习英语的兴趣。

三、多模态协同在大学英语教学中的应用

（一）大学英语课堂教学中应用多模态协同

（1）视觉模态与听觉模态的协同。大学英语课堂的布局是视觉模态，明确了大学英语教学的环境，也明确了教师与学生在英语教学中的角色。在课堂上，学生的视觉对象包括教师、黑板、讲台；大学英语的教学过程主要为听觉模态。视觉模态决定了课堂布局以及教师在课堂上的地位，但也只是听觉模态的辅助与基础。基于听觉模态分析，教师的话语权占据了课堂的主导地位。对于教师来说，学生是其进行话语教学的主要接受对象，这就对教师的话语质量有着较高的要求。因此，教师在大学英语课堂上要话语精确清晰、语法正确、发音准确、速度合适。与此同时，教师在教学过程中声音的响度、语调的高低、节奏的快慢都会对英语教学效果产生一定的影响。因此，听觉模态的各个模态相互之间也需要进行配合，以达到强化口语模态的目的。教师在英语教学过程中会通过变化视觉模态来强化口语模态，如运用手势来代表节奏，模拟所讲述的事物；运用表情的变化来突出知识点的重要程度。

（2）文字模态与非文字模态的协同。大学英语阅读教学以文字模态为主，指导学生重点掌握非文字模态，探索其与文字模态之间隐藏的内在关系，帮助学生赏析、鉴别文字模态的意义，提升学生对文字模态的敏感度。教师可以引导学生在阅读文章时对文章

的标题、小标题、斜体字、标点符号等进行标识，对文章的重点信息进行定位。例如，阅读材料中"Jack went to Fifth Avenue with Tom in New York in September 30th."（9月30日杰克和汤姆去了纽约的第五大道。）出现多次大写字母，大写字母通常表示地名与人名，学生在阅读过程中运用跳读的方式来掌握大意，就可以快速获取关键信息。又如，教师在进行英语阅读教学过程中训练学生对非文字模态的语篇进行分析，可以向学生展示三幅不同的图片：第一幅是正在融化的冰川；第二幅是一望无垠、寸草不生的沙漠；第三幅是黑色的河流。教师可以要求学生分析这一组图画要传递什么意义，将学生引入生态环境保护的阅读话题，从而实现大学英语阅读教学中图片模态与文字模态的协同。

（二）大学英语师生互动中应用多模态协同

建构主义理论提出，学习过程是学生发挥主观能动性、主动学习、主动构建知识架构的过程。建构主义理论否定了传统大学英语课堂教学中教师灌输、学生被动接受的教学模式。教师与学生在课堂上的角色也发生了变化。教师从知识的讲授者转变为学生学习的引导者，也就是教师在课堂教学中扮演着引导者、组织者的角色，在学生发挥主观能动性构建知识结构时起到了辅导作用。大学英语教学中多模态协同的应用能够进一步深化建构主义理论，转变传统教学模式中学生被动学习的状态。多模态协同下的大学英语教学能够实现教学互动，将学生置于多模态协同的学习语境中，从听觉、视觉、触觉等多方位提高学生运用英语开展交际的能力和语用潜能，让大学生能够在多模态协同的环境下主动学习。在大学英语课堂上，教师可以通过多媒体技术来支撑多模态协同的进行，实现教学与学习的互动，通过师生互动的方式实现多模态协同教学的效果。师生互动是指在大学英语课堂上，教师与学生面对面进行的教学活动。在课堂教学中，教师需要将知识点通过文字、图片、音频、视频的形式展现给学生，以吸引学生的注意力，使其更好地理解、接受知识点。与此同时，教师还会通过语言表述、手势动作、面部表情等方式与学生进行互动。例如，在讲解某一知识点的时候，如果学生露出疑问的表情，教师就能够通过视觉模态信息得知学生尚未理解，从而进行深入讲解或换个角度讲解。

（三）大学英语测试评价中应用多模态协同

在大学英语教学对英语"听、说、读、写、译"五项基础能力进行评价的过程中，可以运用基于多模态协同的评价方式。例如，在听力的测试评价中，教师可以预先准备好视听资源让学生在试卷上回答问题；也可以在课堂上进行对话，让学生进行梗概记录，同时调动学生的视觉、听觉系统，利用多模态之间的互补性来完成听力测验评价。在翻译的测试评价中，教师可以将笔译与口译的方式结合起来，利用多媒体技术开展同声传译的翻译练习。对于口语的测试评价而言，当前口语的测试方式主要为进行问答与话题交流两种类型，无法充分展现英语表达的多模态，而利用多模态协同能够更加准确地对学生的英语口语水平进行评价。因此，口语测试要表现出语言与伴语言的特点，充分体现语音、语调、符号在口语沟通交流过程中的应用；同时，还要展现非语言的表达，通过表情、手势、动作等与口语沟通相互配合，对大学生的综合口语水平进行测试评价。

多模态协同下的大学英语课堂教学能够改善当前大学英语教学中学生欠缺学习积极性，在课堂上教师与学生之间缺乏沟通，学生与学生之间缺乏沟通的现状。在大学英语课堂教学、师生互动和测试评价中应用多模态协同，能够提高大学英语的教学质量。多模态协同在大学英语教学中的应用能够让大学英语课堂变得更加和谐，能够让学生在积极参与课堂学习的过程中强化自主学习能力。

第二节　激励教学法在大学英语教学中的应用

影响大学生英语学习效果的一个重要因素是学习动机。激励教学法将动机和激励有效结合，通过灵活运用各种激励手段和技巧，激发学生的英语学习动机，提高学生英语学习的积极性，从而提高学生英语学习的效果。

一、激励教学法的内涵

弗鲁姆认为，激励是对低层组织或个人自愿行为进行监控和控制的过程，是诱导别人按照预先设计的方案行动的行为。佐德克和布拉德认为，激励是指向特定目标行动的倾向。盖勒曼认为，激励是指为了使别人实现预定目标，而花费时间精力去实现目标的过程。综上所述，激励是通过激发人的内在动机和需求，朝着特定的方向和目标进行控制的过程或活动。激励的最终目的是激发人的内在动机和需求。就教学心理学而言，激励教学法是教师通过一定的手段和工具，在教学过程中，激发学生的学习兴趣和动机，让学生产生一种内在驱动力，朝着预先设计的方向和方案努力，从而提高学生的学习效果，保证教学任务的顺利完成。

二、大学英语教学中激励活动存在的问题

首先，激励教学没有得到应有的重视。目前，高校教师的考核重点是完成一定工作量的教学任务。所以，大多数教师忽视了学生能力的培养，而将重点放在知识的单方面讲授。从激励的角度来看，大多数教师只是简单地讲授知识，很少关心学生学习的动机

和兴趣。其实，教师顺利开展教学需要学生的积极配合，激发学生的学习动机是教师工作的重要部分。虽然有部分教师意识到了激发学生学习动机的重要性，但是仅仅关注了教学技巧和方法，还没有意识到激发学生的学习动机比学习本身更重要。

其次，激励手段和工具单调、片面。具体表现在：一是侧重于激励后进学生和先进学生，忽视了普通学生；二是侧重于学生的知识培养，忽视了学生的意志和情感方面的引导；三是侧重于激励学生的最终目标，忽视了学生的心理辅导；四是侧重于激励学生语言智力，忽视了其他类型的智力；五是侧重于要求学生循规蹈矩，忽视了学生自主创新能力的培养；六是侧重于教师自身的偏好，忽视了教学的一般规律。

最后，激励教学法的应用功能没有得到发挥。教师过于强调机械性的教学，而应用的育人功能缺失。激励手法片面、激励数量有限使得大学生英语学习的激励效果打了折扣。不管是出于社会对教师的期望，还是出于学生的学习需要，教师激励手段的运用与现实需求还存在巨大差距。教师过于看重学生知识的获取，对于学生心理的引导无动于衷，学生也认为教师是知识的传授者，是学科知识的代表，逐渐拉开了与教师的心理距离，缺乏深入的沟通[①]。

三、大学英语教学的激励策略

（一）强化教师激励教学法意识

相当数量的大学英语教师认为，激励教学法的应用对象是中小学生，大学生不太适用。实际上，大学生更需要激励。笔者曾经对大学生进行激励教学法的实验，研究结果显示：激励能极大地提高大学生的英语学习积极性。该项调研将学生的总成绩分为两部分，平时成绩占20%，期末成绩占80%。通过考查英语单词和词组的记忆来激发大学生的英语学习动机，研究结果表明，大部分学生养成了晨读的习惯，这是以前没有的现象。可见，激励教学法能够提高大学生英语学习的兴趣。英语教学活动的各个环节都离不开教师的引导和参与，所以对教师的能力提出了很高的要求，要求教师具备多方面的素质。调查显示，在被问及在英语学习动机中什么是主要因素时，有85%的学生认为是"教师"。这些学生认为优秀的教师应该具备如下特质：备课认真、授课生动、教法灵活、热情幽默；能让学生参与到教学活动中；能激发学生的学习兴趣以及让学生更自信。所以，要想充分激发学生的学习兴趣，需要教师一方面认真备课，努力钻研，提高综合素质；另一方面也要培养激发学生学习动机的意识，合理地运用各种手段和工具，提高激励教学法的效果。

---

① 谷陟云.罗杰斯的人本主义教育观及其启示[J].现代教育科学，2009,（10）.

（二）运用激励教学法应注意的环节

1. 激发学生学习的能动性和自主性

人们对于命令有种与生俱来的抵制心理，自主是人类的特性之一。学生都有自我选择的权利，不希望被强制参与自己不感兴趣的事情。所以，教师应该意识到这点，给予学生足够的权利和空间，让其自主学习。《大学体验英语》教材体现了学生的自主性，教材中的每个学习单元都让学生参与到教学活动中来。教师在使用这套教材时，应注意激发学生参与学习的热情和动力，留出充分的时间让学生自由支配。

2. 鼓励学生自我实现

学生学习动机缺乏主要是因为其缺乏自信。如果屡屡失败，那么学生是难以培养进一步学习的兴趣的。学生如果能时常体验成功的快乐，就会激发学习的信心，参与学习活动的热情也会逐步高涨。学生都有实现目标的愿望，正是有了这种愿望，才能克服重重困难，并持之以恒。教师肯定学生的潜能，让学生体验成功，能有效地激发学生学习的兴趣和动机。所以，大学英语教师要合理设置教学目标，让学生时常体验到成功与收获感觉，激发学生学习的兴趣和潜能。

3. 培养大学生的归属感

对于人类而言，人生最大的痛苦在于被拒绝、被孤立。从心理角度来看，每个人都有归属于某类群体的需要。大学生都在寻找自己的位置，都需要得到别人的认同。学生学习动机不明，很大一部分原因是被拒绝和被孤立带来的恐惧所致。缺乏归属感会让学生产生自卑感，丧失学习的兴趣和热情。所以，教师在教学活动中要使用一定的策略，充分满足学生的归属感和认同感。

4. 注意方法的连贯性和系统性

大学英语教师应从整体性的角度来看待教学活动，以提高学生素质、激发学生学习动机为出发点，要保持激励方法的一致性。在运用激励教学法时，教师要将差生激励和优等生激励、个人激励和整体激励、学生人格塑造激励和知识传授激励、错误转化激励和前进激励、外显行为激励和原动力激励结合起来，持之以恒，全方位、多角度地实施激励教学法。

5. 运用激励教学法要适度

大学英语教师在运用激励法时要把握好度；如果能适度，就能抓住学生控制点，就会极大地激发学生的学习动机，同时也能产生良好的激励效果；相反，就会对学生的学习产生负面影响。如果教师定的目标太高，学生就会泄气，产生破罐子破摔的心理，学习的积极性也就无从谈起，同时也会影响教师的情绪；如果教师给学生定的目标太低，学生不费力就能实现，就会认为教师对他们不重视，也会让部分学生产生飘飘然的心理。

6.注意公平对待学生

当前，学生比较反感的是教师对待学生不公正、不公平。学生的素质水平有高有低，总是参差不齐的。虽然喜欢好学生是人之常情，但是，教师如果产生偏爱和偏恶，就不能公正地对待学生，对部分学生的进步成绩不予以鼓励，会影响学生的学习热情，使他们产生自卑的情绪，给他们带来一定的心理压力，给他们今后的学习成长带来负面影响。如果教师对部分学生一味地表扬，则会让这部分学生趋向虚荣，听不进批评，不利于其今后的发奋和自我鞭策。所以，教师在运用激励教学法时要对所有学生倾注关心，一视同仁，这样才能让学生心理平衡和心情舒畅，才会加强师生的沟通，增加师生的凝聚力，才会促进学生主动、积极、创造性地学习。

影响大学生英语学习效果的一个重要因素是学习动机。充分激发学生英语学习的动机对于提高学生的英语学习效果非常重要。正确运用激励性评价能不断地激发学生学习英语的兴趣，对学生的人格培育会有积极作用，能够使每个学生都走向成功。在加强业务素质的同时，教师应做到爱护学生、尊重学生，通过灵活运用各种激励手段和技巧，激发学生的英语学习动机，使其形成积极的学习状态，提高其英语学习的积极性，提高其英语学习的效果，也有助于学生素质的全面提升。

第三节　多元互动教学模式在大学英语教学中的应用

大学英语教学模式多种多样，随着大数据、微媒体和"互联网+"的应用发展，英语教学不再是教师单一地给学生灌输理论知识，也不再是简单的应试教育，而更加注重的是教师和学生之间的互动、学生和学生之间的互动以及互动以后的教学评价和教学效果，由此产生了多元互动的教学模式。多元互动教学模式的应用可以有效地减少学生的语言磨蚀。

大学是我国最为重要的人才培养摇篮，大学教学模式应当具备与时俱进的理念。如今的时代是经济全球化的时代，我国社会对于大学英语人才的要求逐渐提升。基于此，教育工作者应当充分认识到大学英语教学模式升级工作的重要性，要将多元互动教学模式作为大学英语教学的主要教学手段，提升高校学生的英语能力，让他们在今后的社会工作中占据先机，从而成为契合社会主义建设工作需求的高素质人才。

一、现今大学英语教学存在的问题

虽然目前许多大学教学管理部门已经认识到了英语教学改革工作的重要性，但是在具体的英语教学中依旧存在诸多的问题影响着教学质量的提升。

（1）大学英语教学方式单一性严重。当下许多大学英语教师在进行英语教学的时候采用单一性的英语教学方式。单一性的英语教学方式指的是，在具体的教学过程中，教师往往将学生置于课堂被动位置，通过"填鸭式"教学方式对学生进行知识灌输，学生在学习的过程中没有形成交流和互动。这种教学方式存在极大的压抑性，大学生并不能通过这种教学方式提升自身的英语能力。此外，许多大学英语教师在进行英语教学时也忽视了学生积极性的提升，导致学生的英语成绩难以得到有效的加强。

（2）对于多元互动教学模式的理解不够透彻。很多大学英语教师已经认识到了传统英语教学方式存在着弊端，也进行了多元互动教学模式的推广，然而并没有取得应有的效果。多元互动教学模式是一种新颖的教学模式，需要大学英语教师在使用之前对其形成深刻的理解。然而，在具体的教学过程中，许多大学英语教师仅仅将多元互动教学模式作为目的而不是手段，过分地滥用，导致学生在学习英语的时候陷入迷茫境地，他们的英语成绩自然难以得到有效的提升。

二、多元互动教学模式在大学英语教学中的应用手段

（一）采用契合的多元互动教学模式

（1）要注重教师和学生之间的互动。教师和学生是英语课堂两个最为重要的构成点。在具体的多元互动教学中，教师要多与学生形成思维交流和知识传递，进而完善多元互动教学模式。首先，教师在进行英语教学的时候要采用提问教学的形式，通过提问等教学手段激发学生的好奇心和求知欲望。其次，教师要鼓励学生提问，通过这种形式知晓学生在学习过程中的优缺点。最后，教师要注重互动教学之后的总结工作，通过教学总结让学生巩固所学习的知识，也为下一次教学互动打下基础。

（2）注重学生之间的互动。多元互动教学不仅仅体现在教师和学生之间，也应当体现在学生和学生之间。[①]因此，在具体的英语教学中，教师可以采用分组教学的形式去完善互动教学，根据学生的学习能力、学习态度和学习基础将学生分成几个学习小组，然后向他们颁布教学任务，让他们通过完成教学任务的方式提升能力，例如让学生分组表演英语话剧，让学生分组进行英语辩论等，通过这些教学活动让学生形成学习思维的

---

① 陈爱梅. 人本主义学习理论及对外语教学的启示 [J]. 辽宁师范大学学报, 2003, (3).

撞击和学习方式的交互，这样他们的英语成绩才会得到提升。

（二）利用多元互动教学模式

所谓语言磨蚀（language attrition）是指双语或多语使用者，由于某种语言使用的减少或停止，其运用该语言的能力会随着时间的推移而逐渐减退的现象。互动教学模式是让高校大学生充分接触英语的一种教学模式。在具体的教学过程中，教师可以利用多元互动让学生在课堂上多使用英语，使用全英语指导的教学模式替代传统的中文教学模式，使得学生和英语的接触机会增加。这种教学模式不再将学生学习英语的机会禁锢在课堂教材中，学生的语言能力将会得到有效的加强。

（三）注重教学评价方式的交互性

教学评价方式是决定大学生英语学习质量的重要因素之一。因此，大学英语教师在落实多元互动教学模式的时候应当注重实用交互性的英语评价模式。在具体的评价工作中，教师要采用学生互动和师生互评相结合的形式去进行教学评价，学生互评有利于学生知晓相互之间的学习方式的优缺点，这样可以让所有学生一起提升自己的英语成绩。师生互评可以让教师知晓自身教学方式的优缺点，从而改变教学手段，提升教学质量。

综上所述，随着时代的发展，大学英语教师应当充分认识到多元互动教学模式的优越性。在具体的英语教学中，大学英语教师要更新自身的教学理念，要注重教师和学生之间的互动，要注重学生之间的互动，要注重教学评价的交互性，从而预防学生的语言磨蚀，不断地提升学生的英语能力。

第四节　大学公共英语教学中的综合应用能力培养

在大学公共英语教学中，学习能力与综合应用能力有紧密联系。大学生综合应用能力的有效培养首先需要完成自主学习能力的有效培养，进而完成大学公共英语教学中英语应用能力的培养，争取促进学生综合应用能力的有效培养。并且，英语学科的实用性一直被忽视，尤其是在大学教育阶段更应该注重英语教育。英语教学贯彻创新素质教育的不断发展，教育者更加关注英语的实用性，在教学中，要着重培养学生理解表达能力和阅读写作能力。

一、综合应用能力概述

在大学英语教学中，培养学生的英语应用能力非常重要。英语应用能力在综合应用能力的范畴内，对学生英语应用能力进行培养的过程能够促进学生综合应用能力的有效培养。近年来，大学英语教学改革越来越深入，不断强调学生英语应用能力的培养。本节基于学生英语应用能力培养的重要性与现状，提出了相应的教学建议，以期使大学英语的教学有效性得以提升。

在对大学生公共英语综合应用的能力进行培养时，大多教师会从英语应用能力的培养入手，在学生有效完成学习活动的过程中培养其综合应用能力。一般情况下，大多数大学生完成学校的学习后都会以独立而自由的个体进入社会中。因此，对于大学生的培养，除了必要的知识外，还需注重自主性、独立性、创新性等方面的培养，使大学生进入社会后具备终身学习的意识与能力，具备对英语应用能力进行提升的能力。在高校英语专业教学中，英语应用能力指的是学生获取英语知识、将英语知识迁移到实际生活中、应用英语灵活进行交际等方面的能力。在对大学生公共英语应用能力进行培养时，要求教师将学生当作教学活动开展的中心，为学生组织一系列需要学生利用探究、合作完成的学习活动，使学生可以参与习得知识的整个过程。在此过程中，教师要对学生的综合应用能力进行有效培养，使学生可以将英语知识灵活应用到各种场合中，并不断地对自身的英语水平进行提升。实际上，对英语应用能力进行培养蕴含着终身教育思想，在培养学生英语综合应用能力方面有重要意义。

二、分析大学生公共英语综合应用能力培养的现状

（一）学生在教学过程中的主体地位不够突出

现阶段，高校英语专业英语课程改革日渐深入。在改革过程中，教师应不断对学生的主体性进行强调。但受班级设置、教学任务、教学模式等多个因素的影响，在开展教学活动时，教师仍然是课堂的主角。另外，部分英语教师所用教学方法仍然比较传统，只是照本宣科地将英语相关理论知识灌输给学生，学生难以有效地参与学习过程，会严重影响学生英语应用能力的有效培养。

（二）所用教学模式较为传统

对于英语专业的学生来说，大学英语四级、六级考试必须通过。相关调查结果显示，80%以上的大学生对英语进行学习的主要目的是通过大学英语四级、六级考试。这些学生一般不会主动参与教师组织的教学活动，而是对大量词汇进行背诵，并做大量的练习题。这虽然在一定意义上也属于一种综合学习的表现，但难以实现英语知识综合应用能力的有效培养。另外，尽管现阶段相关教育部门对大学英语四级、六级考试进行了改革，考试越来越倾向于对学生英语综合应用能力进行考查，但从就业市场方面看来，很多用

人单位仍然将大学英语四级、六级成绩当作对英语专业学生的主要评价指标。受此影响，大学英语教学仍然或多或少地残留着应试教育的影子，教师过度注重学生英语理论知识的提升，在一定程度上忽视了综合应用能力的培养。

（三）"学以致用"难以实现

目前，部分高校对英语教学的教材进行选择时，教材中的内容与学生实际生活还有一定脱离，英语专业的英语教学内容大多注重对学生听、说、读、写等方面的能力进行培养。这样的英语教学所涉及的英语大多为书面英语，与实际生活的联系性不强，应用性英语知识不多，即使教师不断组织英语口语学习活动，使学生对英语知识进行学习，但仍难以实现学生综合性英语应用能力的有效培养。此外，在班级容量、教学时间等限制下，现阶段大学英语教学仍以课文的精读为主，在其中穿插少量的口语与听力练习，难以实现学生英语交际能力的有效培养。[①]

三、大学生公共英语综合应用能力有效培养的教学建议

（一）更新教育理念，创新教学模式

在教学实践中，教育理念直接关系教学活动的组织是否可行、有效。目前，建构主义、交际理论、人本主义理论等教育理念都已经逐渐被融入英语教学中。这些理论的融入在很大程度上促进了英语教学质量的有效提升。因此，在对英语专业学生进行英语教学时，教师应该注重教育理论的更新和教学模式的创新，将以人为本的理念融入教学活动的组织过程中，以"学习论"来对传统教学中的"教学论"进行替代，使学生可以积极地参与学习的整个过程，从而实现"以学生为中心"的教学。此外，教师还应该注重学生语言应用能力的培养，逐渐将"知识与技能传授"的英语教学模式转换为"学习能力培养"的教学模式，使学生成为知识的建构者，主动建构自己的英语知识结构。在具体的教学中，教师需注重教学模式的创新，为学生创建更多可以积极参与学习过程的机会，并对一些探究任务进行设置，将其布置给学生，要求学生以正确探究的形式完成，这样才能够实现学生英语语言应用能力的有效培养。

（二）发挥学生的主体性，实现学习能力和综合能力的有效培养

要想使学生在教学过程中的主体性得到有效发挥，需从教师角色的转变入手。在传统的大学英语教学中，课堂教学最主要的内容是教师的讲授，学生对英语的学习由教师主导。而对学生英语综合应用能力进行培养的大学英语教学需将学生作为中心，需要在交互式、启发式的教学模式下进行。只有在这样的教学模式下，学生才不再是知识的被

---

① 王健芳. 外语教学改革与实践[M]. 南京：南京大学出版社，2016.

动接收者，而将变为信息的有效加工者、知识的主动建构者。在具体的教学中，教师需积极引入小组合作、任务教学法、情景教学法等具有实践性的教学法，为学生组建一系列他们可以参与其中的教学活动。例如，教师可积极引入小组合作的教学方法，在关于阅读与写作的教学中，依据实情将学生分成不同的小组，为学生提供一些名著书目（全英文），指导学生以小组合作的形式完成阅读，共同用英语做出一篇读书报告，并推选出一名小组成员上台进行报告。在这个过程中，为了做出更精彩的读书报告，学生们势必会积极展开小组讨论，共同对书本中的句子、观点进行总结和讨论。这样可有效培养学生学习英语的能力。与此同时，在上台报告的过程中，学生可以倾听其他小组的观点，提出不同的看法，还可以提升学生的英语口语和表达能力。这样不但可以对学生学习英语的能力进行有效培养，而且能够促进学生英语综合英语能力、综合素质的培养。

（三）引入分层异步教学，实现"因材施教"

在对大学生实施英语教学时，教师需注意学生的个体化差异，依据学生具体情况对教学方法进行灵活应用，以实现学生的全面发展。因此，在对学生的英语综合应用能力进行培养的过程中，教师需注重个性化教学的实施，对于不同的学生设置不同的学习任务、提出不同的要求，以帮助学生找到适合自己的英语学习方法，进而让学生进行有效的学习，在学习的过程中不断提升英语应用能力。对此，高校可对英语课程进行分级设置，一般为分为1级至4级；依据学生的英语水平，将学生分成不同的班级，在各个层级的班级设置不同的学习起点。同时，高校还可以开设语言技能、语言文化、综合英语等课程，以选修课的形式供不同的学生选择，使学生选择自己感兴趣的英语课程进行学习，以激发学生学习英语的兴趣。此外，高校还应该注重在线教学的实施，设置"助学课件"供学生在网络上有效地下载并学习，让学生能够依据自己的英语水平对学习进度与重点进行把握。例如，英语基础较差的学生可以侧重于词汇、语法的学习，听力较差的学生可以反复聆听听力材料，口语较差的学生可以通过影片等进行模仿练习，英语水平较高的学生可以选择、学习其他感兴趣的英语材料，进一步提升自身的英语水平。在学生活动中，学生的英语语法、英语口语、语言应用等方面的能力都可以得到提升。

（四）拓展第二课堂，实现英语应用能力的有效培养

大学生公共英语综合应用能力的培养不能单一地局限于第一课堂，还需注重第二课堂的拓展。对此，英语教师可积极与学校团委、社团等合作，共同组织英语演讲比赛、英语交流茶话会等活动，为学生提供更多用英语交流的机会，使学生英语应用能力得到有效提升。与此同时，如果组织并举行了相关的英语活动，那么教师与学校都应该对参赛学生做出相应评价。教师的评价需以鼓励性语言为主，使学生学习英语的信心增强；

学校的评价可进行全校表彰、颁予荣誉证书、给予学分奖励等。这样，可在全校范围内形成浓厚的英语学习氛围，使学生受到感染，积极学习英语，参与教师组织的教学活动，以及学校组织的英语竞赛、英语交流等活动，使学生的英语综合能力在参与活动的过程中得到有效培养，让学生可以灵活地将英语知识应用到实际生活中，灵活应用英语与他人进行交流。

总之，在对高校英语专业的学生进行英语教学时，学生英语知识综合应用能力的培养极为重要，直接关系英语专业对人才进行培养的质量。因此，相关英语教师应该不断对教育理论与教学模式进行更新，将学生英语水平的提升与可雇佣能力的培养有机融合起来，在培养学生良好的英语学习习惯、英语学习能力的同时，提升学生的英语知识、应用能力、综合素质等，使学生能够全面发展，成为更为优秀的英语专业人才。

第五节　英语新闻输入在大学英语教学中的应用

教育部高等教育司发布的《大学英语课程教学要求》（2007年）将大学阶段的英语教学要求划分为三个层次：一般要求、较高要求、更高要求，并分别就听、说、读、写、译从三个方面做了要求。阅读理解能力有三个层次的要求：能借助词典阅读本专业的英语教材和题材熟悉的英文报刊，掌握中心大意，理解主要事实和有关细节；能基本读懂英语国家大众性报刊上一般题材的文章；能阅读国外英语报刊上的文章。2016年，大学英语四级考试听力部分进行了局部调整，取消了短对话和短文听写，新增了短篇新闻听力。那么，在大学英语学习过程中，学生的英语新闻输入情况到底怎样？教师如何在大学英语教学中引导学生进行英语新闻的输入呢？

一、英语新闻输入问卷调查数据分析

此次问卷调查主要包括英语新闻阅读习惯、英语新闻阅读目的和效果、英语新闻阅读兴趣、英语新闻阅读途径和来源、英语新闻输入的必要性、英语新闻阅读障碍和需要的帮助等方面。调查对象为西北大学现代学院2016级财务管理专业两个班的学生。此次调查共收回问卷110份，有效问卷为110份，有效率为100%。问卷共设计了12道题目，其中包括11道选择题和1道问答题。

（一）英语新闻阅读习惯

"你有阅读英语新闻的习惯吗？"调查结果显示，有阅读英语新闻习惯的有26人，

没有阅读英语新闻习惯的有 84 人，分别约占被调查者的 22% 和 70%。由此可见，学生的英语新闻阅读习惯还需要加强。

（二）英语新闻阅读的目的和效果

"你阅读英语新闻的目的是什么？"调查数据表明，学生阅读英语新闻的目的具有多样性，选择了解时事新闻、扩大词汇量、了解不同文化以提高跨文化交际能力、完成课堂活动、为四级英语听力考试做准备的分别有 49 人、58 人、52 人、54 人和 60 人。有 55% 的学生阅读英语新闻是为四级英语听力考试做准备。

"阅读英语新闻对你有哪方面的帮助？"认为只有助于了解时事新闻、扩大词汇量、了解不同文化以提高跨文化交际能力、提高四级英语听力水平的分别有 4 人、6 人、2 人和 2 人，其他学生认为通过阅读英语新闻得到的帮助是多方面的，如认为扩大词汇量的有 86 人，认为提高四级英语听力水平的有 63 人。

（三）英语新闻阅读兴趣

"你对哪方面的英语新闻感兴趣？"对政治、体育、娱乐新闻感兴趣的分别有 1 人、1 人和 6 人，其他学生对政治、经济、军事、科技、体育、娱乐新闻等方面的兴趣也是不同的，如对政治科技娱乐、经济科技娱乐感兴趣的分别有 10 人和 8 人。

"在本学期的英语新闻输入活动中，你选择了哪方面的新闻报道？"据了解，学生选择的话题涵盖了各个领域：政治、经济、文化、科技、体育、娱乐等。互联网的普及和智能手机的应用使学生获取各个方面的新闻信息成为可能。

（四）英语新闻阅读途径和来源

"你主要通过哪些途径阅读英语新闻？"问卷结果显示，有 107 名学生选择网络这一方式阅读英语新闻，占被调查者的 97%。

"你经常阅读的有哪些英文报刊和浏览哪些网站？"有 60 名学生选择《中国日报》，占被调查者的 55%，这与课堂活动中学生获取英语新闻的来源是一致的。

（五）英语新闻输入的必要性

"你觉得大学英语教学中英语新闻输入有必要吗？"有 106 名学生认为有必要，占被调查者的 96%。

"你觉得英语新闻输入对你有哪方面的帮助？"认为只有助于了解时事新闻、扩大词汇量、了解不同文化以提高跨文化交际能力、培养阅读习惯、为四级英语听力考试做准备的分别是 1 人、2 人、1 人、1 人和 2 人，其他学生都认为英语新闻输入可以为他们提供多方面的帮助。如了解时事新闻的有 66 人，扩大词汇量的有 77 人，了解不同文化以提高跨文化交际能力的有 65 人，培养阅读习惯的有 56 人，为四级英语听力考试做准备的有 54 人。

（六）英语新闻阅读障碍和需要的帮助

"在阅读英语新闻时，你遇到了哪些障碍？"调查数据表明，学生在词汇、文化背景、新闻特点等方面都存在不同程度的问题，其中有 103 名学生认为在词汇方面有困难，有文化背景障碍的为 57 人，还有 27 人认为由于对新闻特点不太了解而造成阅读英语新闻时的障碍。

"在提高英语新闻阅读能力方面，你还需要哪些方面的努力？"认为需要扩大词汇量的有 103 人，需要了解文化背景的有 64 人，需要了解英语新闻特点的有 60 人。

"在提高英语新闻阅读能力方面，你还需要什么样的帮助？"根据调查数据统计，65% 的学生认为需要多方面的帮助，如教师的辅导、资料的获取、阅读环境的创设等。其中，有 78 人认为需要创设阅读环境，有 74 人认为需提供资料的获取途径，有 47 人认为教师的辅导很重要。

二、英语新闻输入在大学英语教学中的应用

调查结果说明，在大学英语教学中进行英语新闻输入是十分有必要的。首先，96% 的学生认为大学英语教学中十分有必要进行英语新闻输入；阅读英语新闻有助于学生了解时事新闻、扩大词汇量、了解不同文化以提高跨文化交际能力、提高四级英语听力水平等。其次，学生在阅读英语新闻时会遇到不同的障碍并需要相应的帮助；教师在大学英语教学中对英语新闻的特点等进行相应的讲解有助于学生更好地理解新闻内容，进而培养学生阅读英语新闻的习惯。最后，新闻涵盖各个方面，如政治、经济、军事、科技、体育、娱乐等。阅读英语新闻既能满足学生的不同需求和兴趣，又能拓宽学生的视野，提高学生的跨文化交际能力。

（一）课堂活动设计

由调查数据可知，70% 的学生没有阅读英语新闻的习惯，所以在大学英语课堂教学中增加英语新闻输入可使学生由最初的"被动"阅读转变为"主动"阅读，进而营造良好的英语新闻阅读氛围。在大学英语教学中，教师和学生可将自己感兴趣或热议的新闻话题分享给班级同学进行讨论；教师应根据课程内容安排学生阅读相关英语新闻并进行总结和阐述。这一活动不仅能够活跃课堂气氛，还能够增强学生阅读英语新闻的意识，并加强英语新闻的输入。

（二）教师的指导

在进行英语新闻阅读时，学生会遇到不同的障碍，尤其是英语新闻词汇的特点给学生造成了很大的困扰，这就需要教师及时给予指导和帮助。

为了提高学生阅读英语新闻的能力，使其更好地理解报道内容，教师对英语新闻标题的语法特征做以讲解也有一定的必要性。以《中国日报》中某些新闻标题为例，时态的使用：英语新闻标题中一般现在时的使用给读者一种"及时性"的感觉，如 *Xi, Trump exchange views on China-US cooperation；Shenzhou XI return capsule touches down*（习、特朗普就中美合作交换意见神舟十一号返回舱降落）。分词的使用：动词现在分词的使用表示正在进行的动作，如 *BYD buses making Liverpool greener；Returned pandas adapting to new Sichuan home*（比亚迪公共汽车使利物浦更环保；归来的大熊猫适应新的四川家园）。动词过去分词的使用表示被动语态，如 *Long March anniversary marked with album of generals' portraits；Trapped Chinese tourists safely evacuated from quake-hit area in New Zealand*（长征周年纪念与将军画像相册；被困中国游客安全撤离新西兰地震灾区）。动词不定式的使用表示将来，如 *Chang'e-5 lunar probe to land on moon and return in 2017*（嫦娥五号月球探测器将登陆月球并于2017年返回），*Thailand to cut visa fee for tourists from 18 countries*（泰国将降低18个国家游客的签证费）。

对英语新闻结构的了解有助于学生在阅读时把握重点，分清主次。倒金字塔结构是英语新闻写作中常用的一种结构，即按照重要性递减的顺序组织新闻内容。以《中国日报》中的一篇报道为例：*Xi vows non-stop effort in reform, opening up*（习誓言要不断改革开放）。在新闻的第一段，即导语部分就说明了人物、时间、事件等关键信息：*Chinese President Xi Jinping on Wednesday promised non-stop effort in reform and opening up and commitment to an open economy*（周三，中国国家主席习近平承诺将继续推进改革开放，致力于实现经济开放。）。了解新闻结构的特点有助于学生理解整篇报道的内容，能够提高学生阅读英语新闻的自信心和效率。

《大学英语课程教学要求》对学生阅读英语新闻能力做了相关的规定，而问卷调查却发现大部分同学没有阅读英语新闻的习惯。那么，在大学英语教学中进行英语新闻输入就成为培养学生阅读习惯的关键组成部分。互联网及智能手机的广泛应用使学生能够更方便地获取英语新闻材料，如人民网、新华网、国际在线、美国有线电视新闻网络、《中国日报》、VOA英语听力、流利阅读等；学校也可在图书馆报刊阅览室提供纸质的英语新闻资料供学生阅读。通过课堂活动及教师的指导，相信学生能够克服障碍进行英语新闻阅读，并形成良好的阅读习惯。虽然问卷调查在广度和深度上仍有待提升，但在一定程度上反映了独立学院非英语专业学生阅读英语新闻的情况，并对大学英语教学有一定的启示。

第六节 启发式教学在大学英语教学中的应用

当今社会对于大学生英语水平的要求越来越高,因此教师应该采用启发式教学法,让学生重拾英语学习的热情,提高学生的综合能力。本节列举了一些启发式教学法在大学英语教学中的应用,阐述了启发式教学法在大学英语教学中的意义。

当今社会对大学生英语水平的要求越来越高,大学英语应该注重全面提升学生的英语综合运用能力,增强学生的人文素养,培养具有国际视野的人才,以适应时代的发展,从而实现工具性和人文性的统一。然而,当今很多大学生都将大学英语"边缘化",依旧认为只有学好那些专业的课程才是硬道理,往往不会花时间去学习英语,所以他们的英语语言使用能力较弱、流利性不够、思维缺乏深度。因此,大学英语教师应该有针对性地提高学生的综合能力,培养他们的学习兴趣。

一、启发式教学法的内涵

启发式教学法指的并不是一种单纯的教学方法,而是一种教学理念和思想。教育部对于启发式教学的定义为:启发式教学发挥作用的手段是任课教师根据教学基本的内在规律在教学过程中持续、有效地激发学生的学习新知识的欲望,目的是引导协助学生的思维活动一直处于主动的状态之中,进而有效地保持受教育者学习新知识的主动性和参与课堂的积极性。布鲁纳认为,学习者不是被动地接受知识,而应该主动地获取知识。因此,大学英语教师应该充分地认识到每个学生的重要性,尊重学生,了解学生的心理,努力营造一种轻松、和谐的学习氛围。

二、启发式教学法的应用

(一)创设情境

教师在导入课文的时候,可以把学生带入课文的情境中去,也可以在讲授的过程中,根据文章创设情境,使学生更好地理解作者的意图。

例如,在《新视野大学英语第三版》第二册第七单元的 Text A,*When honesty disappears*(《当诚实消失的时候》)中,笔者就运用了这种方法启发学生思考。在导入过程中,笔者给学生展示了几张情境图片,第一张是两件夹克衫,并向学生提问:"If your friend has bought a jacket which you think is very ugly, and he asks you about your opinion, what will you say?Will you say directly that it is ugly? Or will you say that is looks just so-so? Or……"("如果你的朋友买了一件你认为很丑的夹克,他问你的意见,你会说什么?你会直接说它很丑吗?还是说它看起来就是那样?或者……")第二张图片的情境是:如果学生没有按时完成作业,他们会怎么做?教师通过创设与学生生活息息相关的情境,能够启发学生思考自己身边的诚信现象,反思当今社会的诚信问题,从而能够对本节的内容产生更大的共鸣。这不仅能够提高学生学习的兴趣,还能够让他们对文章有更深刻的理解。

再如,在讲授新《视野大学英语第三版》第四册第一课的 Love and logic(《爱情和逻辑》)中,当讲到两个人第一次约会的情形的时候,教师可以暂时先放下课文的内容,向学生提问:"If you date a girl for the first time, what will you do and what will you say?"("如果你第一次和一个女孩约会,你会怎么做,你会说什么?")启发学生带入情景,想象自己如果是叙述者,又会怎样做,然后再与作者的行为做对比,从而启发学生分析出作者的内心状态。

英语教师在使用启发式教学法给学生创设情境的时候,需要充分了解学生的心理和生活状态,然后创造合适的情境,使他们能够真切地被带入情境中,从而启发他们认真深入地思考问题,对所学的内容有更深刻的理解,跳出课本的圈圈,有自己的批判性思维[①]。

(二)激发兴趣

平庸的教师只讲授知识,好的教师会给学生解释知识,优秀的教师会给学生演示知识,而真正伟大的教师则会激发学生的学习兴趣,启迪学生自主学习。兴趣永远是学生最好的教师。没有兴趣的学习,只能是机械的考试工具,学生很容易就会忘记了学过的东西,难以产生长期的效果,因此教师需要帮助学生激发学习兴趣,使他们从被动地接受知识变成真正地想要学习,提高他们探索未知的能力。在教学过程中,教师可以利用学生的求知欲,在讲课过程中设置难度适当的悬念,启发学生主动探索知识;可以利用学生对新鲜事物的好奇,设置趣味性问题,启发学生主动获取知识。

例如,在讲授《新视野大学英语》第二册第三单元 The Odyssey Years(《奥德赛岁月》)中,教师可以先给学生播放奥德赛的视频,让学生了解奥德赛的相关内容,启发学生根据奥德赛的内容来思考奥德赛岁月指的应该是一段什么样的岁月,从而引导学生探索文章,理解奥德赛岁月的内涵。这样不仅能使学生自发地学习文章中出现的生词和短语,提高自己的词汇量,更重要的是,还能使学生对奥德赛岁月有更深刻的理解,这样在他们今后遭遇到奥德赛岁月的时候,就能够认清现实,更好地看出事情的本质,找到自己应该做的事情,不至于迷失自我。

---

① 杜振华.英语资源服务器及网络语音室的安全管理与实践[J].中国科教创新导刊,2008,(1).

教师通过刺激学生的学习兴趣，能够调动学生主动学习的内在动力，提高学生的学习能力也能够启发学生的思维，加深学生的印象，让学生受益终身。

（三）讨论启发

讨论启发，就是在教学过程中，教师将学生分组，设置一定的开放性问题，引导学生在组内大胆表达自己的想法，碰撞彼此的思想，分享经验，相互交流，积极地参与课堂教学。

运用讨论法启发学生学习时，教师需要将学生要讨论的内容说清楚、讲明白，使学生带着明确的目的相互讨论。在讨论过程中，教师不仅要监督学生，确保他们是在用英文讨论，还要给予他们相应的启发和帮助，扫清他们的基本障碍。讨论法的使用充分发挥了学生的主体作用，弱化了"教与学"的上级与下级的关系，通过学生之间的交流，不仅有助于构建一种活泼、和谐的课堂气氛，还能够提高学生学习的动力，使学生能够自然地掌握知识和能力，将所学到的东西内化于心。

例如，在《新视野大学英语》第四册第一单元的课文 Love and logic：the story of a fallacy（《爱与逻辑：一个谬误的故事》）中，对于 fallacy（谬论）的探讨，笔者首先根据 fallacy 的定义，给学生解释什么是谬误，然后举出两个生活中常见的谬误的例子，之后将学生分组，每组四五个人，让学生在组内讨论，举出更多的生活中出现的谬论，最后每组派出一个代表给大家做汇报，全程用英文进行。在学生进行讨论的时候，笔者会在学生中间走动，适时提供一些帮助。在讨论法的启发下，学生们彼此交流，思想相互碰撞，研讨出很多很棒的例子，例如有的组举出"For example, people tend to think Sichuan and Chongqing people always eat spicy food."（"例如，人们往往认为四川和重庆人总是吃辛辣食物。"）"The textbooks appropriate for Tsinghua students may not be suitable for us to study."（"适合清华学生的课本，未必适合我们学习。"）对于学生出现的一些语法错误以及生词，笔者也进行了改正，并提供了帮助。由此，学生不仅提高了自己的英语表达能力，更重要的是更加清楚了 fallacy 的含义，并且能够在今后的生活中有一双慧眼，能够发现通常被人们所忽视的谬论，更加理性地去看待事物。

（四）开放式作业

课后练习是教学过程中一个重要环节，学生需要在课后花费一定的时间和精力去巩固知识，去拓展知识面。启发式教学要求教师不应拘泥于传统的教学思想，课后让学生背单词、做题，而是应该采取更多样性的活动，让学生对课后作业不那么反感。教师可采用一些合作式作业、实践性较强的作业等让学生去完成，避免学生认为学英语只是机械化的记忆。

例如，《新视野大学英语》第二册第一单元 A lesson I'll never forget(《一个我永远不会忘记的教训》)一文主要表达的是学生学不好英语的原因不仅仅在于学生自身，更在于其所处的环境以及老师的教学问题等。文中举出了一些日常生活中出现的简单、低级的单词错误、语法错误等。针对这一点，教师可让学生在课后自行搜集生活中常见的一些翻译错误，这样不仅能提高学生的英语水平，还能够培养学生平时注意观察生活的习惯，使学生成为一个细心的人。《新视野大学英语》第二册第四单元 College sweet heart(大学甜心)一课主要讲述的是作者在大学时期甜蜜的爱情故事，笔者在布置课后作业的时候就让学生以小组为单位，每组自编自演一个10分钟左右的英文爱情短剧，让每个学生都参与到创作过程中去，收到了很好的教学反响。

又如，在《新视野大学英语》第一册第六单元 To work or not to work(《工作还是不工作》)一课中，作者列举了当今美国大学生关于是否在读书期间选择兼职工作这一问题上的选择及其原因，简单分析了美国大学生的生活现状。根据这一内容，笔者启发学生分组在课下采用问卷等方式对自己身边的中国大学生关于是否兼职这一问题做出调查，并形成一个系统的调查报告。最后学生做出来的报告相对粗糙，但这也在一定程度上提高了他们的学术思维能力。

三、启发式教学的意义

启发式教学打破了传统教学的单纯的"教与学"的模式，教师不再是课堂上的"独唱者"，而是形成了以学生为主体的教学模式。启发式教学法能够让学生对英语产生学习兴趣，从而促进学生主动获取知识的欲望。此外，启发式教学法还能够提高学生自主学习的能力、创新能力和科研学术能力，培养学生的批判性思维。

参考文献

[1] 薄蓉蓉,秦晔,杜笑秋,等.项目模式在医学人文英语教学中的应用[J].南京医科大学学报(社会科学版),2017(1):78-81.

[2] 柴霞.基于"对分课堂"的大学英语教学实践与反思[J].佳木斯职业学院学报,2016,(6).

[3] 陈爱梅.人本主义学习理论及对外语教学的启示[J].辽宁师范大学学报,2003,(3).

[4] 陈帅.大学英语修辞教学探析[J].湖北经济学院学报,2013(9):203-205.

[5] 陈潇.医科类独立院校大学英语人文教育PBL模式研究[J].牡丹江教育学院学报,2018(7):50-52.

[6] 成中英.西方文化对中国文化之需要[J].东方论坛,2004(5):6-13.

[7] 邓言昌,刘润清.语言与文化[M].北京:外语教学与研究出版社,1989.

[8] 杜振华.英语资源服务器及网络语音室的安全管理与实践[J].中国科教创新导刊,2008,(1).

[9] 谷陟云.罗杰斯的人本主义教育观及其启示[J].现代教育科学,2009,(10).

[10] 韩萍,朱万忠,魏红.转变教学理念,建立新的专业英语教学模式[J].外语界,2003(2):24-27+33.

[11] 胡方慧,朱敏.大学英语向ESP转型期医学生人文素质培养研究——兼谈医学人文英语课程建设[J].医学教育研究与实践,2018,26(4):671-673.

[12] 黄运亭.新时代大学互动英语1(第2版)[M].重庆:重庆大学出版社,2020.

[13] 李光莉.智能手机辅助大学英语教学模式研究[J].新一代(理论版),2018(21):9-10.

[14] 李建萍.分级教学背景下大学生英语词汇学习策略的调查和分析[J].黄山学院学报,2009(8):99.

[15] 李艳,韩文静.孔子因材施教的教育思想简述[J].吉林教育学院学报,2008(4):39.

[16] 刘英爽. 国际化背景下大学英语跨文化教育的瓶颈和转型趋势 [J]. 教育评论，2016（7）：115-117.

[17] 吕颖，王丹. 医学院校医学人文教育与大学英语教学整合的可行性探讨 [J]. 温州医科大学学报，2017，47（3）：232-235.

[18] 秦秀白，张凤春. 综合教程3：学生用书 [M]. 上海：上海外语教育出版社，2014.

[19] 邱文生. 修辞认知与翻译 [J]. 天津外国语大学学报，2012（5）：26-31.

[20] 任宁，陈社胜. 医学院校英语教育与人文精神培育创新融合 [J]. 中国医学伦理学，2018，31（5）：672-675.

[21] 史小华. 高校"基础日语"课程移动学习模式探究——以QQ移动学习平台应用为例 [J]. 牡丹江大学学报，2015（12）：152-154.

[22] 孙立伟. 对数字化教学资源建设的思考 [J]. 新西部，2007，（12）.

[23] 谭学纯. 国外修辞学研究散点透视——狭义修辞学和广义修辞学 [J]. 三峡大学学报（人文社会科学版），2002（7）：8-11.

[24] 汤闻励. 非英语专业大学生英语学习"动机缺失"研究分析 [J]. 外语研究，2012（1）：70-75.

[25] 汪军，严晓球. 近十年来国内大学英语大班教学研究综述 [J]. 教育学术月刊，2011，（11）.

[26] 王蓓蕾. 大学英语课堂任务后学生互动中的语言形式聚焦探究 [J]. 外语与外语教学，2016（1）：41-49，147.

[27] 王汉英，胡艳红，徐锦芬. 美国康奈尔大学外语教学观察与思考 [J]. 教育评论，2015（7）：165.

[28] 王健芳. 外语教学改革与实践 [M]. 南京：南京大学出版社，2016.

[29] 王涛. 大学英语教学中英语修辞格的赏析 [J]. 英语广场，2013（10）：97-99.

[30] 王允庆，孙宏安. 高效提问 [M]. 北京：高等教育出版社，2016.

[31] 夏俊萍. 浅析大学英语教学中学生修辞鉴赏能力的培养 [J]. 吉林工程技术师范学院学报，2014（10）：68-70.

[32] 杨德生. 从语篇的角度探讨修辞现象 [J]. 西华大学学报（哲学社会科学版），2011（12）：68-71.

[33] 杨淑萍，王德伟，张丽杰. 对分课堂教学模式及其师生角色分析 [J]. 辽宁师范大学学报（社会科学版），2015，（9）.

[34] 张博雅. 对分课堂：大学英语课堂教学改革的新思路 [J]. 科学与财富，2015，（12）：803.

[35] 张红. 浅谈英语教学中常见的修辞 [J]. 教师，2015（11）：47-48.

[36] 张红玲. 跨文化外语教学 [M]. 上海：上海外语教育出版社，2007.

[37] 张学新. 对分课堂：大学课堂教学改革的新探索 [J]. 复旦教育论坛，2014，12（05）：5-10.

[38] 赵周，李真，丘恩华. 提问力 [M]. 北京：电子工业出版社，2018.

[39] 朱玲，李洛枫. 广义修辞学：研究的语言单位、方法和领域 [J]. 福建师范大学学报（哲学社会科学版），2013（3）：30-36.

[40] 朱敏，王政，厉彦花. 医学人文融入大学英语翻转课堂的教学模式及效果研究 [J]. 天津外国语大学学报，2019，26(1)：104-114.

[41] 庄智象. 全国高校"新理念"大学英语在线教学试点方案 [M]. 上海：上海外语教育出版社，2004.